Marie Roth

Ein Jahr auf Mallorca

Marie Roth

Ein Jahr auf Mallorca

Reise in den Alltag

FREIBURG · BASEL · WIEN

Originalausgabe

2. Auflage 2014

© Verlag Herder GmbH, Freiburg im Breisgau 2009
Alle Rechte vorbehalten
www.herder.de

Umschlagkonzeption: Agentur R·M·E Roland Eschlbeck
Umschlaggestaltung: Verlag Herder
Umschlagmotiv: © Bildagentur Huber/Canali Pietro

Satz: Dtp-Satzservice Peter Huber, Freiburg
Herstellung: CPI Moravia Books, Pohorelice

Printed in Czech Republic

ISBN 978-3-451-06081-6

Inhalt

September	7
Oktober	21
November	37
Dezember	53
Januar	68
Februar	85
März	105
April	121
Mai	138
Juni	151
Juli	166
August	181
Nachwort und Dank	191

Man entdeckt keine neuen Erdteile,
ohne den Mut zu haben,
alte Küsten aus den Augen zu verlieren. ANDRÉ GIDE

Das Reisen führt zu uns zurück. ALBERT CAMUS

für Andi

September

„WILLKOMMEN IM PARADIES", sagte Hubert Schwandrich, als ich in sein sonnendurchflutetes Büro trat. Mir war heiß und kalt zugleich. 25 Grad Temperaturunterschied lagen zwischen der Abfahrt aus dem wolkenverhangenen Berlin am Morgen und der Ankunft im narzissengelben Licht in Palma. Der schwere Rucksack und die Umhängetaschen hatten dunkle Flecken auf meinem T-Shirt hinterlassen, und jetzt pustete kühlschrankkalte Luft auf meine entblößten Arme. In nur vier Stunden war ich vom Großstädter zum Inselbewohner geworden. Sehnsüchtig dachte ich an die Indianer, die sich nach einer Zugreise erst einmal neben die Gleise setzten, damit ihre Seele nachkommen könne. Doch auf meinem Vorarbeitsvertrag stand hinter „Arbeitsbeginn" ein unmissverständliches *sofort*. Und das auf der *isla de la calma*, der Insel der Ruhe.[1] Das nächste Mal, nahm ich mir vor, würde ich den Land- und Wasserweg nehmen. Aber wann gäbe es schon ein nächstes Mal?

Hubert Schwandrich lächelte sonnengebräunt, tätschelte meine kalte Hand, als müsse er mich trösten. Sein Büro befand sich im vierten Stock eines Hauses mit einer Glasfensterfront an der Stirnseite des Passeig des Borne. Damit war ich zumindest logistisch am richtigen Ort.

Der Borne, wie ihn Mallorquiner nennen, ist Palmas wichtigste Altstadtstraße. Früher war er die Verlängerung des Hafens und damit die Brücke zur Insel. Von Platanen beschattet, mit Steinbänken bestückt und an einem breiten Fußgängerboulevard gelegen, betrat ihn jeder der Neuankömmlinge auf der Insel. Der Inspiration suchende Künstler, der britische

Abenteurer oder Sommerresident, der Forschungsreisende des 19. Jahrhunderts auf der Suche nach unbekannten Tier- und Pflanzenarten, und später die vor dem aufsteigenden Nationalsozialismus Flüchtenden.

„Auf Mallorca sagen wir alle Du zueinander – Hubert", sagte mein neuer Chef und drückte noch ein letztes Mal fest meine Hand, ehe er sie losließ. Der pensionierte Ingenieur gab auf der Insel ein deutschsprachiges Kulturmagazin heraus. Zwei Redakteure hatten 14-täglich über Kunst-, Kultur- und andere Ereignisse zu berichten. Bis gestern; ab heute waren wir zu dritt. Zielgruppe: 33 000 deutsche Residenten, dazu die geschätzten 40 000, die man auf der Insel ohne Anmeldung vermutete, und ein Teil der zwei Millionen Deutschen, die jährlich nach Mallorca reisten.

Er deutete auf den Stuhl vor seinem aufgeräumten Schreibtisch und versank selbst in seinem braunen Ledersessel, den er mit Schwung zur Seite schwenkte, wie jemand, der nach einführenden Worten nun zum Eigentlichen kommt, der Vorführung. Als Leinwand diente die Fensterfront, die sich über die gesamte Bürobreite erstreckte. Dahinter ein blendend schönes Panorama: taubenblaue Altstadt-Dächer mit ockerfarbenen Terrassen, schiefergraue Schluchten der Gassen. Nur einen Katzensprung entfernt das Zeugnis maurischer Herrschaft, der Almudaina-Palast, dahinter die sandfarbenen, sich in den Himmel reckenden Türme eines der schönsten gotischen Sakralbauten der Welt, der Kathedrale La Seu, am Horizont das Meer, silberfarben, wie ein zerkratzter Spiegel.

Ein Gefühl des Triumphs machte sich in mir breit. Ohne Sicherheitsgurt war ich gesprungen, hatte innerhalb von vier Wochen meinen Job gekündigt, die Wohnung geräumt, Freunde, Familie und Fernweh verlassen, meinem Leben eine Zäsur verpasst.

„Schön, dass du so schnell kommen konntest", holte mich Hubert in die Gegenwart zurück. „Wir brauchen dich dringend." Kathrin, seine Sekretärin, die mich an der Redaktionstür mit Küsschen links und Küsschen rechts in Empfang genommen hatte, stand demonstrativ mit einem Tablett in der Tür, darauf eine Flasche Prosecco, fünf Gläser und einige Tapas. „Verlieren wir keine Zeit", sagte mein strahlender Chef und schob mich durch die Tür auf den langen, mit rotem Teppich ausgelegten Flur.

Wir liefen eine Reihe in Rahmen gebrachter Fotos ab: die Insel von oben, ein Mosaik aus braunen, grauen und rötlichen Feldern, runden Mühlenrümpfen, mausgrauen Mauern und dazwischen das Azurblau der Poole; Hubert auf einer Segelyacht mit einer blonden, sonnenverbrannten Frau im Arm; Hubert in Weiß gekleidet mit Basecap auf dem Golfplatz; Hubert in einer Gruppe braungebrannter Mittfünfziger vor einem Grill. Ein Foto zeigte den spanischen König, der, wenn ich das richtig sah, Hubert die Hand reichte. Dann standen wir vor einer Tür.

„Dein Arbeitsplatz", sagte mein Chef und drückte auf einen Schalter. Die Tür öffnete sich mit einem Summen. Drinnen brach sich das Tageslicht an den Milchglasfenstern, Neonleuchten surrten, Ventilatoren und Computer. Es roch nach Druckerschwärze, Staub und Kanalisation. Hinter Bergen von Papier, Broschüren und den Bildschirmen erhoben sich Jürgen und Jochen, meine Kollegen.

„Die Jungs hier", Hubert goss die Gläser voll, „sind richtige Insulaner. Von denen kannst du eine Menge lernen. Jochen ist schon zwanzig Jahre hier." Ein schlaksiger, etwa vierzigjähriger Mann mit schütterem Haar und einer rahmenlosen, kleinen Brille reichte mir die Hand.

„Frau, Kind, Finca und Segelschiff – alles Mallorquiner", erklärte der Chef, „den bekommt hier keiner mehr weg."

Kathrin kicherte, während Jochen den Mund zu einem milden Lächeln verzog, als höre er einen schlechten Witz. Dann wurde angestoßen. Jürgen schätzte ich auf Mitte dreißig. Sein Körperbau war der eines Genießers. „Das ist", erklärte der Chef, „unser Promi-Reporter, er kennt jede im Fernsehen bekannte Nase, hat den besten Draht zu Veranstaltern, erfährt, wer auf der Insel ist, noch bevor es die Bild weiß – ein guter Mann."

„Kennst du die Insel?", fragte mich Jochen.

„Ein bisschen", sagte ich, was durchaus stimmte. „Aus Urlauben", fügte ich hinzu, was schlichtweg gelogen war.

Zum ersten Mal war es mir unangenehm, dass ich nie zuvor auf Mallorca gewesen war. Doch ich wusste viel über die Insel, hatte Spanisch studiert, auch wenn es viele Jahre zurücklag, und einen Kurs über katalanische Geschichte und Literatur belegt. So hatte ich von dem Mallorquiner Ramon Llull gelesen, einem mittelalterlichen Philosophen, der als Kirchenreformer Jahrzehnte seines Lebens dem friedlichen Bekehren der benachbarten Muslime widmete und dann von ihnen gesteinigt wurde.[2] Hier auf Mallorca, der Insel zwischen den christlichen und islamischen Kontinenten, hatte Llull die erste Sprachenschule gegründet, die Arabisch unter christlicher Herrschaft lehrte. Auch die Schilderungen von Robert Graves,[3] Harry Graf Kessler,[4] Klaus Mann, Berichte über das Hotel Formentor, wo in den Zwanziger- und Dreißigerjahren anarchistische, dadaistische und expressionistische Kongresse stattfanden, hatten ein Bild von einem Mallorca in mir geprägt, das mehr war als das schnell erreichbare Sonnenziel. Und dieses andere Mallorca wollte ich entdecken.

„Kannst du von zu Hause aus schreiben?", fragte Jochen. Ich verstand nicht.

„Dein Arbeitsplatz ist erst nächste Woche fertig", fügte er hinzu.

Erst jetzt sah ich, dass ein dritter Schreibtisch ohne Telefon und Computer vor einer weißen Wand stand.

Jochen reichte mir eine Mappe mit bunten Broschüren. „Material für ein paar Reportagen, Telefonnummern, Adressen – alles drin. Du hast doch einen Laptop, oder?"

Ich nickte.

„Habt ihr ihre Seiten schon aufgerissen?", fragte Hubert.

Jürgen wischte sich die von den Tapas fettigen Hände an seiner Jeans ab und holte sechs skizzierte Magazinseiten unter einem Stapel hervor, die er mir reichte.

Das sollte mir recht sein, dann würde ich eben zu Hause arbeiten. Nur: Wo war mein Zuhause?

Hubert Schwandrich hatte versprochen, sich um eine Wohnung zu kümmern, doch bisher hatte er darüber kein Wort verloren. Er warf einen Blick auf seine Rolex. Jochen und Jürgen ließen sich wieder hinter ihren Bildschirmen nieder. Hubert ging zur Tür und hielt sie mir auf. Ich nahm die Mappe voller Broschüren und schlüpfte unter seinem braungebrannten Arm hindurch.

„Das mit der Wohnung hat nicht geklappt", sagte er draußen.

„Erste Lektion: Man muss hier alles mit eigenen Augen sehen." Er tippte in die Richtung, wo sein Büro lag.

„Hier kannst du nicht einfach den Worten vertrauen. Die Spanier, musst du wissen", er hielt mir die Tür zu seinem Büro auf, „die Spanier sind Sprachkünstler. Sie zaubern dir eine Welt, die gar nicht existiert. Die Wohnung war einfach zu dunkel." Er setzte sich mit einem genüsslichen Seufzer in seinen Sessel und strich über seinen in Form gehaltenen Wohlstandsbauch. „Gleich gegenüber vom Grandhotel, da kommt einfach kein Licht rein. Und feucht ist es in diesen Häusern sowieso. Aber: *No te preocupes* – mach dir keine Sorgen, wir haben dir ein Zimmer in einer Herberge besorgt."

Nachts, drei Tage später. Nun gab es keinen Zweifel mehr. Sie konnten fliegen. Schon wieder kroch eine Ameise über meinen Hals. Es musste fünf Uhr morgens sein, denn die Müllabfuhr hatte ihren lärmenden Dienst bereits geleistet, die Engländer hatten endlich die Musik heruntergedreht, und mein Zimmernachbar schnarchte. Ich nahm das Ohropax heraus. Atmete durch. Das Wachs in meinen Gehörgängen gab mir immer das Gefühl zu ersticken. Ich betrachtete meine Umgebung im Halbdunkel, die Muster auf den Fliesen des Bodens, den von Würmern zerbissenen Holzschrank, den wackeligen Stuhl, das Waschbecken.

Wieder krabbelte eine Ameise über meinen Hals. Ich nahm sie zwischen die Finger und zerdrückte sie. Egal, ob ich das Bett nun vom Fenster, von der Wand oder von allen Wänden abrückte, es gab kein Entrinnen. Selbst wenn ich die Beine des Bettes in Wasserschüsseln stellen würde, kämen sie zu mir geflogen. Schlaf würde ich also auch diese Nacht nicht finden. Es war einfach zu laut, und wenn es nicht zu laut war, dann stank es, und wenn es nicht stank, dann waren es eben Insektizid-immune Ameisen, die an meinen Nerven nagten. Wie nur, fragte ich mich, konnte Hubert eine Wohnung für mich ausschlagen, weil sie zu dunkel war? Was ich brauchte, war nicht Licht, sondern Ruhe.

In dieser Nacht gingen mir immer wieder die gleichen Sätze durch den Kopf: „Das ist ein Fehler, gehen Sie nicht dahin", hatte mein Berliner Redaktionschef, Herr Reske, mich gewarnt. „Abenteuer hin, Abenteuer her, aber Mallorca? Da sind doch nur Gauner. Drei Monate gebe ich Ihnen, so lange können Sie zurückkommen."

Auch meine Freunde hatten die Nase gerümpft: „Mallorca: Golfspieler, Ballermann. – Was willst du denn da?" Wie eine Gebetsmühle hatte ich meine Vorstellungen zitiert: die Spuren des blühenden *Medina Mayurka* der Araber, der graubraune und rostfarbene Felsen mitten im Meer, geographischer Mittelpunkt der Handelsstrecken zwischen Italien, Frankreich und Nordafrika, ein Schmelztiegel der Kulturen, mit einem Volk, das die Dichterin George Sand verzweifeln ließ, und andere, wie den Habsburger Erzherzog Ludwig Salvator, begeisterte.

Doch wo war es? Bisher war ich keinem einzigen Mallorquiner begegnet. Im Hostal konnte ich nicht einmal mein etwas eingerostetes Spanisch praktizieren. Personal und Besitzer waren angelsächsischer Herkunft. Auf der Straße und in den Geschäften sprach man mich auf Englisch an, wenn nicht sogar auf Deutsch.

Ich raffte das harte, schmale Kopfkissen, warf mich auf den Bauch und zog das dünne Laken, das zusammen mit einer nach Chlor riechenden Filzdecke als Bettdecke diente, über den Kopf. Drei Monate würde ich mir Zeit geben. Doch um diese durchzustehen, brauchte ich eine andere Bleibe.

Die Carrer de Vi, die Straße des Weines, ist eine krumme Gasse mit dunklen hohen Mauern, bröckelnden Fassaden, ewig verschlossenen Persianern. Kein Restaurant, kein Immobilienbüro und kein Laden. Als die Glocke der Sant-Nikolai-Kirche zehn schlug, hatte ich das „Hostal Pons" wieder gefunden. Das Tor war angelehnt, ich stieß es auf und ging hinein. In dem sonnendurchfluteten Innenhof reckte sich eine Palme neben einem Brunnen, eine Steintreppe führte in die zweite Etage, auf jeder Stufe Töpfe mit reichlich Pflanzenwerk. Ich ging hinauf und drückte auf den weißen Klingelknopf, doch er blieb stumm. Zaghaft klopfte ich an die Holztür. Tauben gurrten, ein Mauersegler kreischte. Ich klopfte noch einmal, kräftiger. Ein Fensterladen knarrte. Es roch nach Jasmin, gebratenem Fisch und faulendem Holz. Nach einer von Stille gehöhlten Ewigkeit vernahm ich endlich ein Schlurfen. Langsam kam es näher. Dann wurde mit einem Knall ein Riegel zurückgeschlagen. Die Tür öffnete sich einen Spalt, und eine kleine Frau mit aufgewühltem, blondem Lockenhaar blinzelte ins Tageslicht.

„Bon dia", wandte ich mein Lehrbuch-Katalanisch an. Sie antwortete nicht. „Usted alquila habitaciones? – Vermieten Sie Zimmer?", wechselte ich ins Spanische. Sie blickte mich ohne eine Miene zu verziehen an. „Tiene una habitación?", wiederholte ich mein Anliegen. Vielleicht war sie taubstumm? „Perdoni – entschuldigen Sie", sagte ich auf Katalanisch und wollte gehen.

„Bon dia", antwortete die Frau plötzlich: „Xerri mallorqui?" – „Un poquet solo", antwortete ich wahrheitsgemäß, „nur ein bisschen", auf die Frage, ob ich Mallorquinisch sprechen würde.

„Be, moll be", sie redete mit der kehligen Aussprache und der lieblichen Sprachmelodie, die ich später als charakteristisch für den Inseldialekt kennenlernen würde, und öffnete die Tür. Dann zog sie den Gürtel ihres roten Morgenrockes enger und schlurfte in großen Pantoffeln in den dunklen Raum hinein. Ich folgte ihr in eine kühle Empfangshalle. Die Tür fiel ins Schloss. Nur langsam gewöhnten sich meine Augen an die Dunkelheit. Aus dem Raum rechts hinter einer gläsernen Flügeltür, wie man sie aus spanischen Kaffeehäusern kennt, drangen Fernsehgeräusche.

Mit einer Langsamkeit, die weniger ihrem Alter geschuldet war, als dass sie Desinteresse demonstrieren sollte, holte sie ein mit der Hand beschriebenes, abgegriffenes Heft hinter einer weißen Anrichte hervor und klopfte mit dem Stift auf die leeren Spalten. Ich sollte meine Personalien eintragen, verstand ich. Doch ich wollte zuerst das Zimmer sehen. Sie betrachtete mich, als schätzte sie meinen Wert, und fragte dann: „Wie lange bleibst du?"

„Eine Woche mindestens", sagte ich, „aber wenn es mir gefällt, auch länger. Ich arbeite in Palma und habe keine Wohnung." Ein Leuchten erhellte ihr Gesicht. Sie nahm einen riesigen Schlüssel vom Holzbrett und führte mich durch eine Flügeltür in einen Nebenraum. Eine Art Salon, in dessen Mitte drei hochbeinige Tische mit jeweils drei Stühlen standen. Auf den Tischen lagen gehäkelte Deckchen, standen Aschenbecher um eine mit Kunstblumen gefüllte Messingvase. Es gab einen barocken Schrank, einen Flügel, einen uralten Fernseher und einen ausgestopften Marder, der mit seinen toten Augen von einem Regal herabstarrte. Die weiß getünchten Wände waren voll bedeckt mit geschmacklich sehr fragwürdigen Gemälden: Landschaften meist nördlicher Gefilde, einige Jagdszenen, eine Alpenlandschaft und ein mallorquinisches Landschaftsportrait. Das also ist Mallorca interior, dachte ich erstaunt, und stellte mir vor, wie ich hier abends schreiben würde.

Von diesem Aufenthaltsraum führte eine schmale, dunkle Treppe hinauf zu den Zimmern. Ich bräuchte ein ruhiges Zimmer, erklärte ich ihr, und eines ohne Ameisen. Und wenn es noch ein Bett hätte, aus dem nicht meine Füße herausragen würden, und eine warme Decke, dann wäre ich vollauf zufrieden – „me haria molt content", sagte ich auf Mallorquinisch. „Tranquil, si tranquil, ah sa nostra tranquilitat, on hi romandrà", sagte sie klagend. „Ruhe, ja Ruhe, ah, wo sich nur unsere Ruhe befindet."

Jedes Jahr kommen zehn Mal so viele Reisende nach Mallorca, wie es Bewohner hat. Neben den vorbeiziehenden Touristenströmen gibt es auch diejenigen, die bleiben. Allein in den vergangenen zehn Jahren ist die Bevölkerung um ein Drittel angewachsen. Hauptsächlich durch den Zuzug von Ausländern, unter denen die Gruppe der Deutschen die größte ist.

Das Zimmer, welches sie mir zeigte, lag zum Patio hin und hatte ein Doppelbett, darüber hing eine in Öl gemalte Jungfrau Maria mit dem Jesuskind im Arm, über dem ein Heiligenschein schimmerte. Vor dem Fenster stand ein kleiner, runder Tisch, darauf eine Emaille-Schüssel. Es gab einen Schrank und zwei Stühle. Was wollte ich mehr?

Die Insel sollte mich vieles lehren. Das Erste war das Betrachten der Zeit. Sie lief hier anders. Nein, nicht einfach langsamer, sondern sie hatte andere Rhythmen. Nachts, wenn der Wind die Fensterläden im Hostal Pons bewegte und die Dielen knarrten, als tanzten Geister durch das Haus, verdichtete sie sich zu einem fein gewebten Schleier. Am Tag jedoch, wenn ich die Stadt durchforstete, streckte sie sich wie ein elastisches Kleid.

Im Hostal gab es viele Uhren. Eine Kuckucksuhr, eine runde Bahnhofsuhr, die im immer leeren Speiseraum hing, eine Standuhr und einige tickende Wecker. Jede von ihnen zeigte eine andere Zeit. Ich fragte mich, ob es eine Bedeutung hätte. Vielleicht gab es eine mallorquinische, eine touristische, eine familiäre und eine bürokratische? Oder aber man taktete den Tag je nach Jahreszeit?

Jeden Tag, Punkt elf nach Kuckucksuhr, klopfte ein Mann an die Tür des Domizils der Witwe Alordes. Er stand in Arbeitskleidung und Werkzeugkiste davor, trat ein und hinterließ in den Gängen eine Wolke, die nach Alkohol und Rasierwasser roch. Ein Verwandter, dessen Aufgabe darin bestand, den vielen Malaisen des Hauses zu Leibe zu rücken. Bis zur Mittagszeit, die in Palma um zwei beginnt und vor fünf nicht endet, hämmerte er im Haus, doch nie bewältigte er den tropfenden Wasserhahn meines Bades auf dem Flur und auch nicht die verzogenen Fensterläden.

Außer diesem Mann gab es noch die erwachsene Tochter. Sie hatte die Aura einer Mireille Mathieu, bewohnte das Dachgeschoss und widmete sich tagsüber, wie die Witwe mir erzählte, der Malerei. Bei Dämmerung verließ sie schwarz geschminkt das mütterliche Haus.

Wenn ich in meine Straße des Weines eintauchte und die mächtige Tür des Hostals hinter mir zugezogen hatte, befand ich mich in einer Welt von Vorvorgestern. Wie eine maurische Burg stand sie mitten in der auf die Gäste eingestellten Nachbarschaft. Zweihundert Meter weiter frisierte Udo Walz deutsche Inselprominenz und Residenten. Im Lonja-Viertel lud die Edelbar Abaco zu sündhaft teuren Cocktails im Ambiente eines Patrizierpalastes: mit Kamin, Vogelgezwitscher, Fresken an Wänden und Decken, Blumenboukets und überbordenden Schalen frischen Obstes. In direkter Umgebung hatten sich Bars und Lounges verbreitet, die im Stil des Puro-Hotels, die Nachfolger der Generation X lockten, mit einem puristischen Interior, dem Flair der Yogis und elektronischer Musik.

Der Mallorquiner betrachtete die Veränderungen seiner Umgebung aus der Perspektive einer Schnecke. Kommt man in ein mallorquinisch geführtes Geschäft, so muss man sich nicht wundern, dass der Verkäufer zunächst keine Notiz von einem nimmt. Hat er zum Beispiel etwas mit einem Bekannten zu besprechen, telefoniert oder sortiert seine Auslage, so wird er sich hüten, auch nur einen Anflug von Eile zu zeigen. Nein, er wird seine Tätigkeit mit aller Ruhe zu Ende führen. Ich hatte einen Tante-Emma-Laden entdeckt, doch die Verkäuferin kam meist erst nach langen fünf Minuten hinter ihrem Vorhang hervor. Einmal verschwand sie sogar, als sie mich eintreten sah, ich betrachtete die Regale, griff nach einer Tüte Nüsse, packte ein paar Orangen in meinem Korb, aber sie kam nicht mehr. Ich scharrte laut mit den

Füßen, räusperte mich, rief „hola", doch nichts geschah. Ich war wieder hinausgegangen, und nur weil draußen mein Handy klingelte und das Gespräch mich zerstreute, ging ich danach wieder zurück in den Laden. Als sie dann mit einer Tasse Tee in der Hand mich gelangweilt anschaute, fragte ich sie, ob ich sie belästigen würde. „Què dius reina? – Was sagst du, Königin?", antwortete sie, und damit war das Eis gebrochen. Ich erzählte ihr, warum und wo ich in Palma lebte, und sie begann mir in mütterlicher Art Produkte zu empfehlen. Doch zuvor hatte sie mir diesen Blick geschenkt, der mich anfangs irritierte, und auch später noch, als ich ihn längst verstanden hatte, immer wieder verletzen konnte. Er folgt einem lang gezogenen *siiii*, das am Ende in ein lautloses Stöhnen übergeht und mich an die Migräne meiner Mutter erinnerte. Oder war es der Blick der zusammengezogenen Augen, die das Licht nicht ertragen können, der schief gelegte Kopf, der leicht nach vorne geschoben wird, widerwillig, dazu der schmerzliche Zug um den Mund, ob dem, was nun kommen würde? Zuerst dachte ich, dass die Mallorquiner auf mich so reagierten, weil mein Äußeres die Fremde verriet, und so gewöhnte ich mir an, mit einem polternden „Bon dia" jeden Laden zu betreten. Sie überlegten eben, wenn sie mich sahen, welche Sprache sie nun wieder entschlüsseln mussten, dachte ich. Bis ich eines Tages beobachtete, dass sie auch einem eindeutig spanisch aussehenden Freund, dessen Bekanntschaft ich noch machen sollte, mit genau derselben Art Widerwillen begegneten. Es gehörte einfach zum mallorquinischen Verhaltenskodex, niemals Interesse an einem Geschäft zu zeigen. Das gebietet ihnen ihr Stolz.

Die Art des Schneckenmenschen äußerte sich aber auch in ihren Behausungen. Das Familienleben spielt sich im Innersten ab. Straßenseitig schirmen hohe Fassaden mit verschlossenen Fensterläden oder gar fensterlosen Mauern neugierige Blicke ab. Das Gesicht des Hauses ist, wenn vorhanden, der Patio, der Innenhof: reichlich bepflanzt, gepflegt, großzügig bebaut, oft mit angelehnter Tür. Seine Tradition ist fast so alt wie das Leben auf der Insel. Schon die Römer bauten ihre Wohnstätte um einen *atrium vivae* herum, die Mauren hatten bei der Besetzung der Insel 902 diese Lebensart längst einverleibt, und deren Erben, die Christen, führten sie in Palma zu einer Blüte. Im 17. Jahrhundert waren Palmas Bürger durch den Handel mit Italien zu Reichtum gelangt, und jede Familie, die es sich leisten konnte, erweiterte den Innenhof ihres Stadthauses, schmückte ihn mit schattenspendenden Laubengängen, Bögen, ornamentverzierten Treppen, schmiedeeisernen Geländern und reichlich Blumenwerk. Heute glaubt man, dass diese Stadtpaläste und Bürgerhäuser in Palma das mallorquinische Leben demonstrieren, doch tatsächlich verbergen sie sein Wesen.

Diese Lebensweise hat im Klima seine augenscheinlichste Erklärung, doch ich vermute auch Überbleibsel der maurischen Kultur, die nichts mehr fürchtet als den bösen Blick, hervorgerufen durch Neid. Hinzu kommen die Jahrhunderte der Invasionen, des Lebens in ständiger Gefahr von Plünderungen, Brandschatzungen und Menschenraub.

Das Gassenlabyrinth der Altstadt verwirrt. Es gibt Tore und Bögen, krumm liegende Straßen, die sich ineinander verzweigen und manchmal in dunklen Sackgassen enden. Als von Natur aus orientierungsschwacher Mensch hatte ich mich in meinem bisherigen Leben immer auf Stadtpläne verlassen. Doch das war in Palma sinnlos. Vergeblich suchte ich Übereinstimmungen zwischen Papier und Schildern. Das kam einerseits durch die Zweisprachigkeit und andererseits durch die spanische Angewohnheit, alles mit mehreren Namen zu belegen. So steht zum Beispiel im Stadtplan und in Adressbüchern: Avinguda de Gabriel Roca y Passeig de Sagrera; gesagt wird Paseo marítimo. Ebenso heißt die von allen genannte Plaça de las columnas in Palmas Stadtplan Plaça Francesc Garcia i Orell. Ging ich zu einem Termin, wohin mich die Redaktion anfangs noch schickte, oder wollte ich eine Wohnung besichtigen, rüstete ich mich mit der Adresse; vergebens. Oft fand ich die Straße überhaupt nicht im Plan. Das Sicherste war, mich dem Zufall anzuvertrauen und mich einfach treiben zu lassen, irgendwann kam ich immer dahin, wo ich wollte, nur meistens zu spät.

Doch später verstand ich, dass dieses Sichverlieren der Tribut war, den Palma und die Insel forderten, wollte man sie tatsächlich entdecken. Man musste sich eben Zeit lassen.

Anmerkungen zum September

1 Isla de la calma (spanisch), Insel der Ruhe: Den Begriff prägte Santiago Rusiñol mit seinem Buch „L'illa de la calma" (katalanisch). Rusiñol (gest. 1931) war einer der herausragenden katalanischen Maler und Schriftsteller des Modernisme.

2 Ramon Llull (1232–1316) gilt als der katalanische Dante und Begründer der westeuropäischen Orientalistik; Verfasser von 265 Werken in lateinischer, arabischer und katalanischer Sprache.

3 Robert Graves (1895–1985), britischer Dichter, lebte über vierzig Jahre in Deià und ist dort beerdigt. In seinem Haus verkehrten Künstler und Intellektuelle des 20. Jahrhunderts. „Ich, Claudius, Kaiser und Gott" ist sein bekanntestes Werk. Seine Mutter war eine Großnichte des deutschen Historikers Leopold von Ranke.

4 Harry Graf Kessler (1868–1937), Kosmopolit, Diplomat, Schriftsteller, Kunstmäzen, zählt zu den einflussreichsten Intellektuellen und bedeutendsten Chronisten der 1920-er Jahre. 1933 emigrierte Kessler nach Paris, dann nach Mallorca, wo er einige Monate in einem Haus in Bona Nova verbrachte.

Oktober

ICH HATTE MICH EINGELEBT im Hostal der Witwe Alordes, doch eigentlich war es, wenn auch das billigste Hostal, zu teuer. Trotz Rabatt, den die Dame mir jeden Sonntagabend, wenn ich um eine weitere Woche verlängerte, mit strahlenden Augen zugestand, kam ich pro Woche auf 140 und damit am Monatsende auf 560 Euro. Dabei hatte ich kein Radio, keine Küche, kein eigenes Bad und kein Sofa, und da ich weder Essen noch Kaffee kochen konnte, schmolz mein Budget wie Eis in der Hand. Damit hatte ich nicht gerechnet. Ebenso wenig wie mit der Tatsache, dass Hubert, mein Arbeitgeber, wegen ungünstiger Winde Schwierigkeiten haben könnte, nach Mallorca zurückzusegeln. Er hatte sich zwei Wochen nach meiner Ankunft in seinen Urlaub verabschiedet. Auf die Kanaren. Und nun herrschte Mistral-Wind, der sich im westlichen Mittelmeer zu gefährlichen Stürmen aufbauschte.

In unserem deutschen Vorarbeitsvertrag war vereinbart worden, dass der Arbeitgeber sich um den spanischen Arbeitsvertrag, die Anmeldung bei der spanischen Sozialversicherung und die Beantragung der *Residencia*,[1] einer Art Aufenthaltsgenehmigung, kümmern würde. „Für EU-Bürger", so stand darin, „eine reine Formsache." Doch eine sehr notwendige. Überall, wo man einen Nachweis des Aufenthaltsortes in Spanien benötigt, wird dieser Ausweis verlangt, also in Videotheken, Bibliotheken, beim Abholen von Postüberweisungen, beim Kaufen einer spanischen Telefonkarte, beim Eröffnen eines Bankkontos und für die Busmonatsfahrkarte. Hubert ließ all diese Dinge von einer *Gestoría*[2] erledigen, und diese verhandelte offensichtlich nur mit ihm persönlich.

„El gerente Gonzalo – der Direktor Gonzalo", sagte mir die immer gleich klingende freundliche Mitarbeiterin, „está reunido." – „Versammelt" war Gonzalo am Morgen, am Mittag und Nachmittag, also immer in einer Besprechung. Ich brauchte Monate, bis ich verstand, dass „está reunido" manchmal die Abwesenheit der entsprechenden Person erklärt, aber meistens „für Sie nicht zu sprechen" bedeutet.

Dem folgt ein „En que le puedo ayudar? – Wie kann ich Ihnen helfen?". Doch ob ich nun einen Rückruf erbat oder einen Gesprächstermin, ich hatte keine Chance. Diese Gestoría sprach eben nur direkt mit dem Auftraggeber, und das war nun mal Hubert.

Ich konnte kein Konto eröffnen, und wo kein Konto war, konnte auch kein Gehalt überwiesen werden, das machte mich wirklich nervös.

„No te preocupes – mach dir keine Sorgen", sagte Jochen an einem Morgen, als ich ihm mein Leid klagte. „Hubert zahlt immer, wenn auch mit Verspätung."

Gut, dachte ich, dann würde ich mir eben keine Sorgen machen, und tatsächlich gab es anderes, das mir nachts durch den Kopf raste und mich am Schlafen hinderte. Die Arbeit zum Beispiel: Seit drei Wochen ging ich jeden Morgen in das milchglasgetrübte Büro. Nach einigen wenigen Reportagen hatte Jochen mir die vierzehn Seiten Serviceteil, der das Magazin schmückte, zugeteilt. „Nur vorübergehend", hatte er versprochen, bis Kathrin, die Sekretärin, nicht mehr mit dem Anheuern von Werbekunden beschäftigt sei. Doch das dauerte ja mindestens genauso lange, wie Hubert weg sein würde, mutmaßte ich, denn eine vakante Stelle musste nun erst einmal ausgeschrieben und dann besetzt werden.

„Der Serviceteil ist der beste Einstieg", tröstete mich

Jochen. Das sah ich anders. Ich saß die meiste Zeit im Büro, in dem es trotz Ventilatoren, die wie ein Schwarm Fliegen über meinem Kopf summten, nach Kanalisation stank, tippte Namen, Adressen, Öffnungszeiten und Programme der Galerien, Boutiquen, Theater, Konzertsäle, Kinos und Restaurants ein, die von Deutschen entweder betrieben oder besucht wurden. Hinzu kam die Stimmung in der Redaktion. Wenn ich morgens ins Büro kam, hob der auf die Tastatur schlagende Jochen mit einem verwirrten Blick genau so den Kopf, wie es die Verkäuferinnen taten. Morgens schrieb er seine Artikel. Kurz vor Mittag dann begann er mit dem Layout, dabei schwatzte er gelegentlich mit Jürgen. Die Nachmittage waren dem Korrekturlesen vorbehalten. Wobei er sich meinen Seiten mit besonderer Sorgfalt widmete. Er stöhnte, scharrte mit den Füßen, strich, korrigierte, radierte – er redigierte mit einer Inbrunst, die mich so unsicher machte wie eine Kuh auf dem Eis. Auch wenn ich zugestehen muss, die stilistischen Finessen, mit denen man Veranstaltungsprogramme gestalten kann, nicht zu beherrschen, ertappte ich Jochen gelegentlich dabei, wie er bei der vierten Version auf meine ursprüngliche Formulierung zurückgegriffen hatte.

„Aber das hatte ich doch am Anfang so", verteidigte ich mich. Doch Jochen warf mir über seine rahmenlose Brille einen Blick zu, der meinen Widerspruch löschte wie die Sturmböe ein Teelicht auf dem Balkon.

Jürgen war anders. Er hatte nicht jenes merkwürdige Inselgemisch von deutscher Genauigkeit und mallorquinischem Desinteresse. Nein. Er kam grundsätzlich zu spät, dafür mit einem Paukenschlag, dem ein prasselnder Wortregen folgte. Schillernd schilderte er seine Erlebnisse vom Vorabend. Erzählte gurrend wie eine Täuberich von einer Vernissage oder einem Konzert, einem Interview mit dem Trainer eines bekannten Boxers oder den neuesten Tratsch über das Liebesleben einer Moderatorin. Doch er sprach nur mit Jochen, würdigte mich keines Blickes.

In Berlin hatte ich als Lokalreporterin gearbeitet. Jeder Tag glich einem Mittelstreckenlauf, bei dem wir morgens nach der Konferenz mit einem Thema an den Start gingen, das wir nachmittags niederschrieben. Tagein, tagaus hetzte ich durch die Stadt, buddelte nach Berichtenswertem, schrieb es rasend schnell nieder, suchte Neues. Die Kunst bestand darin, das Adrenalin zu konditionieren, es in Schach zu halten, so dass man nicht durchbrannte. Eine tägliche Anspannung, die auslaugte und mich glücklich gemacht hatte. Jetzt fühlte ich mich wie in einem Intercity, der auf einen Bremsblock geknallt war. Ich hatte ein Schleudertrauma und zweifelte, ob die Zäsur, die ich meinem Leben verpasst hatte, nicht ein Fehltritt war.

Und noch etwas: Immer öfter dachte ich an Georg. Ich versuchte mich an die Worte zu erinnern, die während unserer letzten Begegnungen wie Steine in einen Brunnen gefallen waren, hohl klingend und unwiderruflich. Schon vor meinem Entschluss, nach Mallorca zu gehen, war von unserer Liebe nicht mehr spürbar als vom Leben in Laub; ein leises Rascheln.

„Das schaffst du nie", hörte ich ihn sagen, „das sind doch Hirngespinste." Und: „Du flüchtest vor deinem Leben." Tat ich das?

Ich strengte mich an, im Alltag Zuversicht zu finden. Jeden Morgen nahm ich Punkt 9.30 Uhr in der Bar Martin meinen *café con leche*. An der Ecke Protectora / Can Feliu servieren die Brüder Martin seit Jahrzehnten Frühstück und mittags Hausmannskost, mit einer Eleganz, wie sie in dieser Berufsgruppe nur in südlichen Ländern anzutreffen ist. Mit gekämmten Bärtchen der eine, der andere mit glänzender Glattrasur, blütenweißen Hemden und schwarzem Frack standen sie an der dampfenden Kaffeemaschine, schwangen volle Tabletts durch die Pendeltür aus der Küche, wo die Frau des Älteren und die Tochter kochten. Nach einer Woche war ich Stammgast, musste mir nicht mehr die Zunge brechen, wenn ich mein Croissant bestellte, das man hier *kro-a-zant* mit Betonung auf dem t ausspricht. Kaum hatte ich das Lokal betreten, kam er mit einem „Que tal te va? – Café con leche" an den Tresen geflogen.

Mit „Que tal? – Wie geht's?" hat es so seine Bewandtnis. Viel mehr als eine Frage ist es ein Gruß, den man mit der gleichlautenden Gegenfrage nach dem Wohlbefinden erwidert. Oft wird der Gruß mit Kosewortern versüßt, wie *niña*: Kindchen, *rubia*: Blonde, *guapa*: Hübsche oder gar *bonita*: Schöne. Die Sprachschöpfungen sind schier unerschöpflich. Mir schmeichelten *cara guapa*, Hübschgesichtige, und später das von Freunden oft benutzte *solete*, Liebling, das schlichte *corazón*, Herz, oder *mi vida*, mein Leben. Auf Mallorca wird man darüber hinaus auch immer mal wieder zur Königin – *reina* – ernannt. Der Gebrauch der Alltagssprache erinnerte mich an ein vergnügliches Spiel, man übertreibt, dekoriert, schmeichelt, wirbt, duelliert, tanzt – nur niemals ist es so ganz wörtlich gemeint. Niemand erwartet auf die Frage „Que tal?" in seiner katalanischen Variante „Com anam?" oder „Com va?" eine ehrliche Antwort. Wird man auf der Straße, beim Bäcker, im Café oder auch unter Bekannten gefragt, wie es einem geht, antwortet man, wenn überhaupt, mit einem lässigen „Bien y tu? – Gut, und dir?". Die in Sprachkursen vermittelten „más o menos – es geht so" oder gar „mal – schlecht" sind Aussagen, die man vermeiden sollte. Es gleicht einer Offenbarung, die auf Mallorca nicht goutiert wird. Man plaudert nicht über Intimitäten. Außerdem würde man den anderen nötigen, nachzufragen oder gar Hilfe anzubieten. Will man klagen, sollte man sich dem Wetter widmen, das bietet mehr Gelegenheiten, als man als Deutscher gemeinhin glaubt.

Nach dem flüchtigen Austausch von Nettigkeiten und einem die Lebensgeister weckenden Schluck des schaumgekrönten Kaffees blätterte ich in den Lokalzeitungen. Auf den Titelblättern schreckten häufig deutliche Bilder von der Idee ab, unvorsichtig Auto zu fahren, dann folgten Berichte über die Inselgranden. Antonia Munar, jahrelange Inselpräsidentin, jetzt Parlamentspräsidentin der Balearen, ist wohl die am häufigsten abgebildete Frau auf Mallorca. Es folgten Berichte über Bauskandale, Messerstechereien im Zigeunerdorf und Drogenumschlagplatz Son Banya, Berichte über die Normalisierung der Sprache[3] und solche regionaler Aufwertung, wie etwa über einen Kolumbus-Kongress, der die jüngsten Forschungsergebnisse präsentierte, die beweisen sollen, dass die Wiege des Amerika-Entdeckers auf Mallorca stand. Doch die Rubrik, die meine ganze Aufmerksamkeit forderte, stand im Anzeigenteil. Denn: Ich suchte eine Wohnung.

Nach der Arbeit kaufte ich bei Margarita, dem kleinen Eckladen, in dem die Verkäuferin gerne hinter ihrem Fliegenvorhang verschwand, eine Fünfliterflasche Trinkwasser, *la garrafe d'aigua*, und ließ mir mallorquinische Spezialitäten empfehlen. Dort lernte ich, wie man die mallorquinische Schnecke *ensaïmada* isst.[4] Man darf sie nicht mit Messer oder Gabel zerlegen, sondern muss den Strang mit spitzen Fingern abziehen und dann abbrechen. Ich probiere meine erste hausgemachte Paprikawurst, die *sobrassada*, die man mit Honig bestreichen sollte, was gewöhnungsbedürftig ist. Ich kaufte köstlich-süße Mandarinen aus Sóller und lernte das süchtig machende *turrón* kennen, eine schokoladenähnliche, in Honig getränkte Mandelmasse iberischen Ursprungs.

Manche Abende vertrieb ich mir im Internetcafé in der

Avenida Argentina. Die Atmosphäre glich der einer Bahnhofshalle. Alle, die hierher kamen, befanden sich auf einer Art Durchreise. Es gab Russen, Polen, Bulgaren, Argentinier, Kolumbianer, Briten, Senegalesen, Südafrikaner und Nordafrikaner und sicher noch andere Nationen, die ich nicht zuordnen konnte. Nie sah ich einen Deutschen, und wenn doch einer darunter war, war er als solcher nicht zu erkennen. Was ich von mir auch hoffte.

Nun haben viele Deutsche meiner Generation dieses Problem mit der nationalen Identität. Auf Mallorca bekam es für mich noch eine Steigerung. Deutschsein heißt, von Geburt an privilegiert zu sein und über ein starres Selbstbewusstsein zu verfügen, das die Fähigkeit, Eigenheiten und Werte anderer Kulturen aufzunehmen, stark verringert. Ich war weder das eine noch verfügte ich über das andere. So schliff ich an der verräterischen harten Aussprache der Konsonanten und übte das bei uns als Sprachfehler wahrgenommene Lispeln. Es gelang mir nicht schlecht, ich imitierte die Melodie der Hauptstädter der Balearen, so dass man nach Wochen meinen Akzent zwar irgendwie als fremd vernahm, aber nicht mehr zuzuordnen wusste. Da die Gene vieler Völker im Stammbuch der Insulaner eingeschrieben sind, gibt es nahezu alle phänotypischen Varianten: blonde Insulaner mit grünen Augen und braunem Teint, Schwarzhaarige mit leuchtenden, blauen Augen und blasser Haut; und den maurischen Typ: gedrungener, kräftiger Körperbau, schwarzes, krauses Haar, schwarze Augen. Doch selbst rotblonde Mallorquiner traf ich, und es gab eine Gruppe sehr großer, dunkelhaariger Menschen, die man für die ursprünglichen Inselbewohner hielt, den Homo balearicus, jenen Menschen, der durch seine Fähigkeit, Steine zu schleudern, die Römer das Fürchten lehrte und für den Namen Balearen verantwortlich gemacht wird.

Manchmal fragte man mich auf Spanisch nach dem Weg – ein deutliches Zeichen, fand ich, für meine gelungene Anpassung. Allerdings nur, wenn ich die Sonnenbrille trug. Nahm ich sie ab, kamen die Leute ins Stottern, versuchten es mit Englisch oder wendeten sich gar ab. Irgendetwas stimmte nicht mit meinen Augen.

Sonntags, wenn Maria Alordes mit frisch onduliertem Haar und einer in der Kirche erleichterten Seele wieder in den Stadtpalast kam, plauschte sie gelegentlich mit mir. Wir setzten uns dazu in den *comedor*, den Speisesaal, der rechts neben dem Empfang lag und heute nur noch aus Gewohnheit so genannt wird. Denn essen tat hier nur eine, Maria Alordes, und zwar *pipas*, Sonnenblumenkerne oder harte Maiskörner, auf denen sie geräuschvoll knackte, während sie in einer *butaca*, einem Sessel, vor dem Fernseher und einem auf Rollen stehenden Butangasofen saß. Mit sinkender Temperatur erhöhte sich die Zahl der gehäkelten weißen Decken, die sie über ihre Schultern und Knie legte. Sie sprach dann am liebsten über das Wetter und eine Nichte, die in Deutschland lebte, in einer Stadt, die ich nicht kannte.

„Und der Platz", sie zeigte dabei in die Richtung, wo unsere Gasse in die stattliche Carrer Sant Feliu führte, „... da spukt es. Mit Plätzen, an denen sich mehr als vier Wege kreuzen, hat es immer etwas Besonderes auf sich", erklärte sie.

Geometrisch betrachtet besteht dieser Platz aus zwei Dreiecken, die an ihren spitzen Winkel aufeinandertreffen. Genau genommen verbindet er sechs Gassen: Neben der Straße des Weines treffen die des Heiligen Sohnes, Sant Feliu, des Heiligen Kreuzes, Sant Creu, des Schutzes, Protectora, die Straße de Salzes, Carrer de Sales, und die des Friedens, Pau. Hunderte Male bin ich über diesen Platz gegangen, immer, wenn ich in die Bar Martin, zur Arbeit, zum Einkauf oder in mein

Internetcafé ging. Doch bisher hatte ich noch nichts Auffälliges bemerkt. „Und gehst du heute aus?", fragte sie mich. „Ich bin müde", antwortete ich, aber die Wahrheit war, dass es mir schwerfiel, alleine in Bar zu gehen. „Wenn man jung ist, muss man leben", sagte sie, „tanzen, feiern, Freunde treffen."

Das stimmte. Nur Freunde hatte ich hier keine.

In meinen Mittagspausen, die den Tag in zwei Hälften teilten, spazierte ich am liebsten nach Es Portixol. Der Weg dorthin führt über einen zwei Kilometer langen Spazierweg am Meer entlang. Portixol bezeichnet den kleinen Segelhafen, in dem viele mallorquinische *llaüts* stehen, die mallorquinische Variante der Mittelmeerboote, die auf *barca llatina* zurückgehen, „Lateinersegler". Die Masten eines *llaüt* stehen nicht senkrecht, sondern neigen sich nach vorn. Doch so, wie die Boote nicht mehr dem Fischen dienen, werden auch die angrenzenden Häuser kaum noch von Fischern bewohnt. Die Auswahl der Restaurants und Bars und ein Blick auf ihre Speisekarten zeigen, dass die Kundschaft, die hier verkehrt, einen prall gefüllten Geldbeutel besitzt. Trotzdem hat sich der Charme eines Fischerviertels zumindest an seiner Meeresseite erhalten.

Deshalb elektrisierte mich die Anzeige im „Diario de Mallorca". 600-Euro-Apartment in erster Linie in Portixol, Meerblick. Fünfzig Quadratmeter Wohnung, zwölf Quadratmeter Terrasse.

Auf dem Weg zur Arbeit rief ich die Handynummer an und vereinbarte einen Termin noch für die Mittagszeit. Ich war beschwingt, und die Worte über Ausstellungen, die ich nicht gesehen hatte, Konzerte, die ich nicht gehört hatte, und Restaurants, in denen ich nicht gespeist hatte, flossen mir nur so aus der Feder. In Gedanken hörte ich die Gischt gegen das Ufer schlagen, die Möwen kreischen und sah mich morgens meinen *café con leche* auf meiner Terrasse trinken. Punkt 13.30 Uhr verließ ich das Büro und lief nach Portixol. Diese Wohnung musste ich haben.

Es war einer dieser sonnigen Oktobertage, an denen man das Gefühl hat, der Sommer wäre ein nicht versiegender Brunnen. Am Tag wurde es über 25 Grad warm, so dass man kurzärmelig gehen konnte. Im Licht flackerten die Konturen. Ein milder, nach Algen und Salz riechender Wind schüttelte die Palmen, die den Weg säumten. Die Wellen schlugen gegen die Steine am Kai, in denen eine Katzenkolonie wohnte, die Gischt zischte.

Noch heute, da ich diese Zeilen in einer düsteren Berliner Nacht schreibe, sehe ich die sandfarbenen Windmühlen des Hafens Portixol als Silhouette auftauchen. Ich war überzeugt, dass eine Wendung bevorstand. In die Fremde gehen heißt, sich selbst zu gebären, und das ist auch schmerzhaft, sagte ich mir. Und wenn ich erst eine Wohnung hätte, in der ich das wenige, das ich aus meinem alten Leben mitgebracht hatte, auspacken könnte, dann würde dieser Prozess sicher etwas leichter werden.

Ich betastete die Rolle von Hundert-Euro-Scheinen, die ich in die Jackentasche gesteckt hatte. Zweitausend Euro, das war alles, was ich noch besaß. Sollte ich einen Mietvertrag unterschreiben, müsste ich eine Monatsmiete, eine Kaution und eine Provision begleichen, und wenn die Wohnung nur in etwa dem entsprechen würde, was ich mir vorstellte, würde ich nicht zögern. Irgendwann musste Hubert ja zurückkommen und mein Gehalt zahlen.

Dann stand ich vor dem niedrigen Haus. Es war grau, von einer flachen, sandfarbenen Steinmauer zum Spazierweg abgegrenzt. Feigenkakteen mit verholzten Armen lehnten gegen das Gemäuer. Es roch nach feuchtem Holz und Farbe. Ein rot getigerter Kater kam mich begrüßen. Die grün gestrichene Holztür stand offen, der Kater und ich traten ein. Eine gekachelte Treppe führte ins Obergeschoss. Kaum hatten wir die Hälfte geschafft, stürzte uns ein Mann entgegen. Die Treppe aber war so schmal, dass man nicht aneinander vorbeigehen konnte. Er trug einen Anzug und Krawatte. „Hola", sagte ich. „Bist du vielleicht Juan? Ich bin Marie; wegen der Wohnung."

„Ach, ja", sagte er und trat den Rückweg an.

Im Licht der Küche glänzte sein schwarzes, mit Pomade geglättetes Haar. Er wirkte müde und aufgeregt zugleich. An den Wänden waren Regale eingebaut, in denen Gläser mit Lebensmitteln standen. Es gab ein Steinwaschbecken, darüber einen Boiler mit zusammengeklebten Kabeln. Die Fliesen waren grün, wie in Schwimmhallen, und an manchen Stellen gebrochen. Auf einem langen Tisch stand ein Laptop, daneben hatte er sein Handy gelegt, das unaufhörlich klingelte. Juan hatte mich auf einen aus Bast geflochtenen Stuhl verwiesen und nahm das Telefongespräch entgegen. Ich betrachtete die Kinderbilder, die an den Wänden hingen, Windmühlen, aufsteigende Drachen, ein blauer Wal. Durch das Fenster sah ich über die Balustrade des Balkons das Meer am Horizont in den Himmel tauchen. Alles war, wie ich es mir vorgestellt hatte, ein verwunschenes Haus am Meer, vor den Toren Palmas. Nur: Dieses hier war bewohnt. Ob die jetzigen Mieter rausfliegen würden, wenn ich einzöge?

Juan telefonierte, während er wie ein Gockel stolzierte. Mit durchgedrücktem Rücken schritt er die Meter zwischen Eingangstür und Fenster auf und wieder ab. Dann, als hätte er sich plötzlich an etwas erinnert, zog er einen Stift aus der Innentasche seines Anzuges und ein Blatt aus der Mappe. Er deutete mit dem Stift auf das Formular, das nun vor mir lag. Name, Vorname, Wohnort, Geburtsort, Arbeitsstelle, Einkommen, lauter Kästchen, die ich auszufüllen begann.

„Manolo, tengo un cliente", sagte er, „ich habe einen Kunden." Er zwinkerte mir zu. „Ich rufe dich später an, ja, o.k.? vale, vale …"

„Mein Büro, Entschuldigung. Also kommen wir zu …", er holte tief Luft und sagte: „Hier musst du alles ausfüllen. Ich hoffe, du hast alles dabei?"

„Was dabei?"

„Die nomina, die Gehaltsbescheinigung, deine residencia."

Ich schüttelte den Kopf und erklärte ihm, dass ich noch nicht einmal sechs Wochen auf der Insel war, eine feste Arbeit hatte, aber mein Chef, der alle Papiere für mich bei der Gestoría hinterlegt hatte, verreist war. Ich hatte nicht einmal eine Visitenkarte, die meine Aussagen hätte bestätigen können, und fühlte mich wie jemand, der während einer Kontrolle seine Fahrkarte nicht findet. Er verschränkte die Arme vor seiner Brust. Ich holte meinen deutschen Personalausweis und den in Deutsch verfassten Vorarbeitsvertrag heraus. Er griff danach, las und schüttelte den Kopf.

„Damit kommst du nicht weit. Tut mir leid, wirklich – lo siento de verdad."

„Aber wenn ich in bar bezahle?"

„Füll das aus! Dann kann ich das für dich regeln."

Ich schrieb weiter, wo und wann ich geboren wurde, mein Einkommen, die Namen meiner Eltern, machte einen Strich bei den minderjährigen Kindern, die in meinem Haushalt lebten, und kreuzte *soltero*, ledig, bei Familienstand an. Juan schenkte mir ein Glas Wasser ein. Die Reihe für die Kontonummer ließ ich aus, denn ich hatte ja kein spanisches Konto. Dann kam ich zu dem letzten Punkt, ich las die Erklärung und stolperte über die Wörter *pago adelantado*. Das hieß nicht etwa Kaution, *depósito*, oder Provision, sondern Vorauszahlung. Wieder klingelte Juans Telefon, er ging dran und ich hörte, wie er jemandem erklärte, dass das Apartment bereits vermietet sei, aber er solle in zwei Stunden noch einmal anrufen. Er sprach sehr laut und wiederholte die immer gleichen Worte, es musste sich um einen Ausländer handeln: „Otra vez, llamar, mas tarde, otra vez, otro apartamento, vale?"

Ich legte den Stift neben das Formular, er nahm den ausgefüllten Bogen und las. Dann schrieb er in das Kästchen, welches die Vorauszahlung bezeichnete, eine Sechshundert, setzte ans Ende einen dieser spanischen Unterschriftkringel, die ebenso schwungvoll wie unleserlich sind, und schob mir das Formular wieder mit der Bemerkung „firmar" rüber – „unterschreiben".

Ich stockte.

Wenn man sich in einem anderen Kulturkreis befindet – und allen Zweiflern sei gesagt, dass Mallorca ein anderer Kulturkreis ist –, ist das Schwierigste, zu unterscheiden, ob man gerade einem kulturellen Missverständnis aufsitzt oder betrogen wird. Man weiß nicht, was üblich ist, kann sich auf kein Gefühl, keine Erfahrung verlassen. Ist man ein Mensch, der sich in heimatlichen Gefilden sicher bewegt, so wird man in der Fremde zumindest zögerlich. Ist man im eigenen Kulturkreis ein leicht unsicherer Mensch, so wird man im Ausland extrem unsicher. War man gar misstrauisch, so wird man paranoid. Bevor ich nach Mallorca kam, war ich zwar ein schwankender Mensch, aber ich bevorzugte es, mich schnell zu entscheiden. Schließlich konnte man einen Beschluss auch wieder revidieren. Im Zweifelsfall ließ ich für mich die Münze wählen.

„Ich will das Piso sehen", sagte ich.

„Was für ein Piso?"

Das Wort *piso* ist doppeldeutig, manchmal bezeichnet es die Etage, manchmal eine Wohnung.

„Bevor ich bezahle und unterschreibe, möchte ich das apartamento sehen", korrigierte ich mich.

„Welche Wohnung?", fragte er.

„Na die, die ich mieten werde."

„Immer mit der Ruhe", sagte er und schoss ein „lógico" hinterher. Er tippte eine Nummer in sein Handy. „Du arbeitest ohne Geld", sagte er beiläufig. Hatte ich etwa mehr erzählt, als ich wollte?

Bevor die Verbindung zustande kam, hatte er wieder aufgelegt. Eine Marotte, dachte ich.

„Ich muss mich für dich bei dem Vermieter einsetzen, und das mache ich erst, wenn ich meinen Anteil habe. So ist das." Das habe es ja nun schon zu oft gegeben, dass er Wohnungen vermittelte und nachher der Vermieter mit dem Mieter..., ja, ich wisse schon. Er machte eine Geste wie jemand, der sich zu schade ist, bestimmte Worte in den Mund zu nehmen.

„Nein, ich weiß nicht, was du meinst. Können wir jetzt die Wohnung sehen?"

„Tut mir leid, das ist nicht möglich, aber ...", er schaute mich mitleidig an. „Du verstehst mich nicht, stimmt's?"

„Ist sie denn hier, ist das die Wohnung, die zu vermieten ist?"

„Hier?"

Ich nickte.

„Das ist mein Büro."

„Aber wo ist dann die Wohnung?"

Er schüttelte den Kopf und begann langsam und laut zu sprechen, wie mit einem uneinsichtigen Kind: „Das – ist – mein – Büro."

Er lehnte sich an die Kante des Steinbeckens, verschränkte die Arme: „Ich weiß nicht, wie es in Deutschland ist. Aber hier in Spanien bezahlt man erst und bekommt dann die Ware."

Meine Gedanken arbeiteten so langsam, wie er gesprochen hatte. War ich vielleicht zu misstrauisch? Ich fasste an die Tasche, wo ich mein ganzes Geld trug. Es war noch dort. Und da würde es auch bleiben. Mit einem Lächeln, das nicht von Herzen kam, schob ich ihm das Blatt über den Tisch und stand auf. So sehr ich mich nach einer Unterkunft sehnte, in der ich die wenigen Dinge, die ich aus meiner Vergangenheit mitgebracht hatte, ausbreiten könnte, ich würde keine Provision zahlen, ohne eine Wohnung zu haben. Ich stand auf, zog grußlos die Tür ins Schloss und ging schnell die schmale Treppe hinunter.

Im grellen Mittagslicht fühlte ich mich noch verlorener als zuvor.

Und dann kam der Regen.

Anmerkungen zum Oktober

[1] Die Tarjeta de Residencia ist eine Art Anwohnerausweis mit Foto und Fingerabdruck, auf dem die Número de Identificación de Extranjeros (N.I.E.), die Registrierungsnummer des Fremden, vermerkt ist. Sie gilt für EU-Bürger fünf Jahre und ist im Alltag unerlässlich.

[2] Die Gestoría ist eine Art Steuerberaterbüro, deren Funktion aber sehr viel weiter reicht. Sie erbringt jede Art bürokratischer Dienstleistung, vom Erstellen von Arbeits-, Miet- und anderen Verträgen bis zur Anmeldung, dem Ummelden von Autos und dem Erlangen von Erlaubnissen jeglicher Form und Art, wie der Arbeits- und Aufenthaltserlaubnis und der Steuernummer. Die Dienstleistung einer Gestoría ist für Fremde sehr empfehlenswert, da die Strukturen der Behörden undurchschaubar sind. Auf Mallorca gibt es Gestorías, die sich mit deutschsprachigen Mitarbeitern auf deutsche Kunden eingestellt haben.

[3] Mit Normalització Lingüística meint man auf Mallorca die Verbreitung der mallorquinischen Sprache, einer Variante des Katalanischen. Mallorca, wie die gesamte Autonome Gemeinschaft, Illes Baleares, ist offiziell zweisprachig. Doch das Castellano, Weltsprache und Sprache der Hauptstadt, dominiert das unter Franco verbotene Català, Mallorquí, und nun versucht man, den „normalen Zustand" wiederherzustellen, indem das Verwenden des Mallorquinischen nicht nur gefördert wird, sondern in allen Institutionen gefordert.

[4] Ensaïmada de Mallorca ist das mallorquinische Schneckengebäck, die Königin der Nachspeisen, dessen Herkunftsnamen 1996 geschützt wurde. Sie ist eines der beliebtesten Exportprodukte und an der sechsförmigen Kiste, in die sie verpackt ist, zu erkennen.

November

Es war ein Dienstag, kurz vor der Mittagpause. Zuerst wurde es dunkel, als würde es Nacht, dann folgten ein Sturm und ein Knall wie aus einem Kanonenrohr, Blitze spalteten Wolken, der Himmel öffnete seine Schleusen, Wasser stürzte und schwemmte alles hinweg. Den Staub des Sommers, Papier, Steine, Katzenkot, alles, was keinen Halt fand. Triefend nass kam ich im unbeheizten Hostal an, wechselte meine Wäsche, breitete die feuchten Kleider auf dem einzigen Stuhl aus und ging, um einen Schirm im *corte inglés*[1] zu kaufen. Dann machte ich mich auf ins Internetcafé. Ich schrieb gerade eine Mail an meine Freundin Anne, in der ich über die Maßen klagte und sie fragte, ob sie etwas von Georg wüsste. Als ich den Namen geschrieben hatte, schaute ich zur Seite, wie man es tut, wenn man einem Gedanken auf der Spur ist, und blickte dabei meinem Nachbarn an, ohne dass ich ihn wahrnahm. Erst als er mich anlächelte, mit dem Kopf schüttelte, als wollte er sagen: „Ja, was ist denn?", bemerkte ich ihn.

Er sah genau aus wie der Mann, den Georg fotografiert hatte: ein Algerier, der mit einem Fischerboot nach Europa flüchten wollte. Für die Reportage hat Georg einen großen Journalistenpreis gewonnen, aber nie erfahren, was aus dem Mann geworden war.

Doch der Mann, der neben mir saß, war bestimmt nicht dieser Algerier, sagte ich mir. Ich löschte die Nachfrage nach meinem Exmann, schickte die E-Mail ab und wollte gerade gehen, als mit einem Rauschen alle Geräte ausgingen, *un corte*, sagte die argentinische Betreuerin.

Es war einer der großen Stromausfälle, die es auf Mallorca mindestens einmal im Jahr gibt. Doch normalerweise ereignen sie sich im Sommer, wenn das System unter der völligen Überbelastung der Klimaanlagen und Kühlsysteme zusammenbricht. Jetzt aber hatte ein Blitz die Zentrale getroffen und legte die gesamte Insel lahm. Ich ging auf die Straße, die Ampeln funktionierten nicht mehr, der Verkehr brach zusammen, ein riesiges Hupkonzert setzte ein, die Leute traten aus ihren Geschäften und Restaurants hinaus und betrachteten belustigt das sich aufbäumende Chaos. Dann setzten Sirenen ein, die Feuerwehr fuhr aus und die Polizei, um den Verkehr zu regeln.

Später ging ich in die Redaktion, aber wir konnten nicht arbeiten, nicht einmal die Funktelefone funktionierten. Jochen schickte uns nach Hause, wir nahmen den Treppenflur, denn der Fahrstuhl funktionierte nicht, und Kathrin schaute mich fragend an, als wir auf der vom Regen verschmierten Straße standen. Inzwischen war es fünf Uhr nachmittags, der Verkehr wurde von der *policia local* geregelt, was zu lautstarken Protesten der Autofahrer führte.

„Wollen wir in ein Café gehen?", fragte ich sie.
„Kaffee wird's wohl nicht geben."
„Aber vielleicht Bier?"
„Das muss gekühlt werden."
„Dann eben Wein. Im Varadero?"
„Der Hafenbar?"

Ich hatte noch nie so viele Worte mit Kathrin gewechselt. Wieso? Das wusste ich nicht. Sie lächelte zwar immer freundlich, aber über einen Smalltalk waren wir nicht hinausgekommen. Morgens war sie zeitiger da und abends, wenn ich ging, bereits weg. Da der Varadero eine Touristenattraktion am Hafen ist und man dort wahrscheinlich keine Beschwerden wegen zu warmen Bieres riskieren würde, gingen wir nach Santa

Catalina. Hier gab es unter den vielen kleinen Bars, Kneipen und Cafés sicher eines, das auch lauwarmes Bier verkaufte.

Santa Catalina ist ein Viertel in Palma, das westlich vor den nur noch im Namen vorhandenen Toren der Altstadt liegt. Die Begrenzung der Altstadt erkennt man an dem Autostadtring, der zickzackförmig verlaufenden *Avinguda*, die sich genau dort erstreckt, wo früher die Stadtmauer war.[2]

Kathrin wohnte in Santa Catalina in einer Wohnung direkt an der Markthalle. Wir gingen in eine Bar am Ende der Carrer San Magí, wo es verglaste Löcher im Boden gibt, die auf einen unterirdischen Kanal zeigen. Ganz Palma ist mit Tunnels und Kanälen durchzogen. Bekannt sind die, die von der Kathedrale bis zum Schloss Bellver führen. Doch auch in Santa Catalina, dem pittoresken Fischerviertel, das heute wegen seines einzigartigen Charakters sowohl bei Einheimischen als auch bei Zugezogenen sehr beliebt ist, sollen früher über diese Wege Waren zum und vom Meer transportiert worden sein. Das erzählen die Mallorquiner, die seit Generationen in den niedrigen Häusern mit Innenhöfen leben, und wahrscheinlich handelte es sich dabei um Schmuggelware. Aber auch in *Call*, dem alten Judenviertel in der Nähe der Kathedrale, sollen viele solcher unterirdischer Gänge existiert haben, und ich hörte davon, dass es hier zu Zeiten der Inquisition eine unterirdische Synagoge gegeben haben soll.

Wir tranken ein Bier und Kathrin fragte mich, ob ich mich schon eingelebt hätte.

„Eingelebt? Nein, ich wohne in dem Hostal bei der Witwe Alordes, kennst du das, in der Carrer de Vi?" Sie schüttelte den Kopf und schaute auf den kräftigen Rücken eines großen, blonden Mannes, der am Tresen saß.

„Und die Arbeit, na ja, das habe ich mir auch anderes vorgestellt, ehrlich."

„Aber die sind doch alle sehr nett", sagte sie abwesend.

Sie hatte rotbraune Haare, eine Stupsnase und lustige Sommersprossen, war freundlich, Ende zwanzig.

„Was machst du denn so in deiner Freizeit", fragte ich.

„Im letzten Sommer habe ich einen Tauchkurs gemacht, irre, in Sant Elm, dort gibt es eine tolle Tauchschule, mit einem wirklich sexy Tauchlehrer. Perfekt und sehr nett, ein Deutscher. Musst du unbedingt machen. Da habe ich aufgehört zu rauchen, ist besser fürs Tauchen, aber gleich fünf Kilo zugenommen. Findest du mich zu dick?"

Sie stand auf und stemmte die Hände in einen Ledergürtel, der auf den Hüften saß, die sie kokett wiegte.

„Nein, überhaupt nicht", sagte ich.

„Schau mal, die Stiefel. Sonderangebot, bei Farrutxi." Bei dem letzten Wort hatte sie die Stimme gehoben, so dass sie zwitscherte wie ein Vogel im Morgengrauen. Sie zeigte mir nun ihre Lederstiefel, indem sie die Beine hob, es waren eine Art Cowboystiefel mit Fäden. „Ich gehe ins Fitnesscenter, Porto Pi, tolle Leute dort. Den da", sie zeigte auf den Typen am Tresen, „den kenne ich." Sie lehnte sich zu mir rüber, wobei ich ihr süßes Parfüm roch. „Ich glaube, er verchartert Segelyachten. Können wir uns nicht an den Tresen setzen?"

Lustlos nahm ich mein Bier und folgte ihr, sie setzte sich neben den Mann und sprach ihn an. „Ich bin Kathrin vom Mallorca-Kulturmagazin", sagte sie auf Deutsch.

Es stellte sich heraus, dass er ein Werbekunde des Kulturmagazins war und tatsächlich Yachten vercharterte. Die beiden flirteten, wobei ich mir wie eine Gouvernante vorkam und plötzlich das Bedürfnis hatte zu rauchen. Aber der Zigarettenautomat funktionierte nicht, es gab ja noch immer keinen Strom. Ich könnte in einen *tabaco*[3] gehen, denn es war ja noch nicht einmal sieben. Mister Dream bestellte gerade auf Englisch drei Piña Colada, was die Bedienung ablehnte, es gebe keinen Strom und also kein Eis. „Dann eben ohne Eis", sagte er.

„No, eso no", sagte die Kellnerin und machte damit klar, dass sie ohne Eis keinen Cocktail machen würde. „Beer, do you like more beer?"

„Diese Spanier", schimpfte er und bestellte drei Bier.

Ich ging an die frische Luft, um Zigaretten zu kaufen. Auf der Straße überlegte ich, wo sich hier wohl ein *tabaco* befand, dann gingen plötzlich die Lichter an. Es war wie ein Rauschen und Summen, das die Stadt erfüllte, die Laternen flackerten, Autos hupten, Leute jubelten. Ich ging die Straße hinunter und ließ den Nieselregen über mein Gesicht laufen.

Das *Idem* liegt am anderen Ende der San Magín.

Was für eine Bar. Dunkelrote Wände, Kerzenleuchter und -ständer, erotische Gemälde an den Wänden, am Tresen eine Frau wie aus dem Musical Cabaret, im schwarzen, engen Abendkleid, mit Netzhandschuhen bis über die Ellenbogen, die großen Augen durch einen schwarzen Kajal unterstrichen. „Tienes tabaco", fragte ich sie. „Si si, ahora si", sie zeigte mir den Weg zum Automaten, der sich bei den Toiletten befand.

Ich bestellte mir einen Rotwein, setzte mich auf eines der Sofas, um zu rauchen, und dachte, dass ich wirklich mehr ins Leben eintauchen sollte, auch wenn es nicht die Welt Kathrins war, die mich interessierte.

Das Nikotin meiner seit Wochen ersten Zigarette bewirkte, dass mir schwindlig wurde, und dann sah ich ihn. Er kam den Gang herunter, bog ab, dort, wo die Toiletten waren.

Er war der Mann aus dem Internetcafé. Er war nicht groß, hatte einen kräftigen Körperbau, dichtes schwarzgelocktes Haar. Sicher ein Spanier. Ich nahm einen kräftigen Schluck aus dem riesigen Weinkelch und schaute auf das Bild einer nackten Frau, die sich in Überlebensgröße auf einem Sofa rekelte. Als er herauskam, setzte er sich genau unter dieses Bild, bestellte einen Tomatensaft und holte einen Block heraus, in dem er zu zeichnen begann.

Und wenn er doch der Algerier war, den Georg fotografiert hatte? Ich könnte ihn fragen, und falls er es war, würde Georg sich über den Kontakt sicher freuen. Es hatte ihn belastet, auf die Frage nach dem Ausgang dieser Flucht, deren dramatischen Beginn er dokumentiert hatte, keine Antwort zu haben.

Doch was ging es mich an? Schon lange war das emotionale und auch berufliche Leben meines Ex für mich nicht mehr zugänglich.

Ich trank aus und ging.

Der Regen hörte nicht auf. Nicht als die Nacht kam, nicht als es Morgen war, nicht am zweiten Tag und auch nicht am dritten. Aus Tropfen wurden Rinnsale, dann Bäche, aus Pfützen Seen, dann flache Meere. Es regnete und regnete. Die Feuchtigkeit drückte sich durch Fensterritzen, Türspalten und Dachziegel. Die Nässe fraß sich in Kleider, legte sich auf Möbel, und allmählich kroch sie mir unter die Haut. Alles war klamm, und da die meisten Wohnungen und auch mein Hostal über keine Heizung verfügten, konnte nichts trocknen. Das bunte Leben in Palmas Straßen verblasste wie ein abgegriffenes Polaroid. In der Bar Martin wurde zum Gruß nur noch genickt, mein Tante-Emma-Laden mit dem Fliegenvorhang blieb geschlossen, und Maria Alordes verschwand in den unzugänglichen Tiefen des Palastes. Nur einmal sah ich sie, wie sie mit in ein Handtuch gerollten Eiswürfeln die Treppe hochschlich. „La lluvia!", der Regen, klagte sie, als hätte uns ein Fluch ereilt. Als ich sie bei dieser Gelegenheit fragte, ob ihr Verwandter nicht meine undichten Fenster reparieren könne, schaute sie mich entsetzt an. „Aber doch nicht bei diesem Regen!"

Mit der Erkenntnis, dass Auswandern nun mal zu innerer Einkehr führt, ging ich mittags und abends auf mein Zimmer. Ich versuchte zu schreiben, setzte mich dazu mehrere Male mit meinem Laptop in das Marderzimmer zum Klavier. Aber die Tische waren zu hoch, die Stühle zu tief, so dass ein furchtbares Ziehen durch meine Schultern jagte, kaum dass ich die Arme zum Tippen über die Tastatur legte. Und dann machten sich meine Knie bemerkbar, weil es da zog. Die ersten Anzeichen von Rheuma?

Schreiben konnte ich jedenfalls nicht. Ich sollte lesen, dachte ich, und ging eines Tages eine halbe Stunde früher zur Arbeit und eine früher in die Mittagspause, um die deutsche Buchhandlung Dialog in der Carrer Carme zu ihren Öffnungszeiten zu besuchen. „Die Insel des zweiten Gesichts"[4] war mir schon zuvor in der Auslage hinter dem Fenster aufgefallen: der Titel und das Umschlagbild, ein Max Pechstein, wie ich im Klappentext lesen konnte, „Palmen in Collioure". Sattes Grün der wuchtigen Palmenblätter und graue Stämme vor kleinen Häusern und dem tiefblauen Meer. Es berührte mich, auch wenn mir der Autor Albert Vigoleis Thelen überhaupt nichts sagte. Kurzentschlossen kaufte ich es.

Es war der vierte verregnete Tag in Folge, an dem ich mich unter der Maria mit dem strahlenden Jesuskind auf den 916-Seiten-Roman stürzte. Ich packte auf meine zwei Filzdecken meine gesamte wärmende Kleidung, zwei Pullover und eine gefütterte Jacke, zog mein einziges Paar Wollsocken an, legte meine mit lauwarmem Wasser gefüllte Wärmflasche ins Bett und öffnete eine Flasche Rotwein.

Während die Regentropfen gegen die Fensterläden und Scheiben klopften, die Feuchtigkeit braune Muster auf die gekalkten Wänden zeichnete und das Licht der nackten Glühbirne flackerte, verlor ich mich in den bizarren Beschreibungen des deutschen Schriftstellers Thelen, der sich mit seiner Frau Beatrice in den Dreißigerjahren über die Insel gehungert hatte. Die ersten hundert Seiten brauchten den Atem der mit Fassung getragenen Einsamkeit, dann schwebte ich auf den Wogen der langen, verschlungenen Sätze, schaute wie durch ein Prisma und fühlte mich nicht mehr allein. Ich las von einem anarchistischen Grafen, der in seinem verwitterten Stadtpalast internationale „Herrschaften beherbergte, die entweder bessere Tage gesehen hatten oder hofften zu sehen", von „Logen der leeren Geschwätzigkeit", erfuhr von durchnässten Manuskripten in einem *torre de reloj*, einem Uhrturm, in dem das verarmte Paar ein dachloses Zimmer gemietet hatte und die Bücher und Manuskripte gegen Rattenfraß an einer Leine aufhängte. Und dann, es war der siebte Regentag in Folge, gelangte ich zu der Episode, wo Vigoleis, das Alter Ego Thelens, nach wochenlanger vergeblicher Wohnungssuche endlich in der Straße des „Piratengenerals Barceló" ein geeignetes *piso*, eine Wohnung, findet. Ich schlief über den Gedanken ein, dass Vigoleis den vermeintlich unmöglichen Schritt hatte gehen müssen, um Erfolg zu haben. Denn die Straße des General Barceló, die ich gleich morgen suchen würde, hatte er aus seinem persönlichen Stadtplan gestrichen, aus Scham. Hier wohnte, an der Ecke zur Calle Sant Feliu, was bedeutete, dass die Straße nicht weit sein konnte, in einem stattlichen Domizil der Arzt Villalonga, bei dem Vigoleis eine Rechnung nicht beglichen hatte. Aus Geldnot.

Ich selbst hatte bestimmt zwanzig Wohnungen angeschaut, entweder lagen sie in einer fragwürdigen Gegend oder waren mit Gerümpel vollgestellt oder unbezahlbar. Das Angebot an Mietwohnungen auf Mallorca ist begrenzt. Zu den Westeuropäern, die davon träumen, da zu leben, wo andere Urlaub machen, kommen die Einwanderer aus armen Ländern. Mallorcas Ruf, dass es hier Arbeit wie Sand am Meer gibt – was vielleicht in den Sommermonaten zutreffen mag –, zieht viele an; europäische Glücksritter wie Arbeitsimmigranten. Doch es existiert nicht genug Wohnraum. Für Spanier ist das Zahlen von Miete reine Geldverschwendung. Man kauft eine Wohnung, und wenn man sich dafür hoch verschuldet. Wer das nicht kann, bleibt oft bei den Eltern. Auch als Investitionsobjekt haben Mietwohnungen einen schlechten Ruf, man überlässt sein Eigentum nicht gerne Fremden. Hinzu kommt, dass es fast unmöglich ist, einen Mietschuldner herauszuklagen. Entsprechend hoch sind die Preise. Eine annehmbare Wohnung für sechshundert Euro in Palma bekommt man eigentlich nur über Beziehungen, und über diese verfügte ich nicht.

Am kommenden Morgen war der Himmel wolkenlos, die Martins empfingen mich mit dem altgewohnten „Que tal niña, café con leche?", die Palmen, Platanen und über die Mauern rankenden Blüten der Bougainvillea leuchteten in sauberem Grün, Rosa, Lila und Rot. Als ich an diesem Morgen über meinen Platz ohne Namen ging, an dem sich sechs Straßen kreuzen, bemerkte ich ein Schild, das neben der Apotheke hing. Darauf stand geschrieben: „Der Verfasser des Buches ‚Die Insel des zweiten Gesichts', Albert Vigoleis Thelen, lebte in der Carrer de Vi, 11, 1. Stock." Ich las es genau sechs Mal. Von oben nach unten. Zweimal die dreifache Ausführung, in Katalanisch, Spanisch und Deutsch; Katalanisch, Spanisch und Deutsch.

Thelen hatte also mit seiner Beatrice in derselben Straße gelebt wie ich jetzt? Ungeachtet meines Zeitgefühls, das mir sagte, dass ich mich beeilen müsste, um pünktlich zur Arbeit zu kommen, machte ich auf dem flachen Absatz kehrt. Ich musste die Hausnummer prüfen. Sollte er vielleicht genau in meinem Stadtpalast jene Dinge erlebt haben, über die ich dort las?

Ich ging die Straße entlang und suchte an der schmucklosen Palastfassade nach Zeichen einer Hausnummer. Es gab keine. Ich ging die Straße weiter hinunter und studierte die wild durcheinander nummerierten Häuser: 4, 13, 31, 14b und dann die Hausnummer 11. Das Wohnhaus schräg gegenüber vom Stadtpalast. Mein Blick kletterte die verschlossenen Fensterläden des frisch renovierten Hauses hinauf. Das musste es sein. Vor mehr als siebzig Jahren hatte hier Albert Vigoleis Thelen gelebt. Wie viele Male war er hier wohl durch die Straße gelaufen, gebar die Worte und Bilder für seinen Roman, wenn er die krumme Gasse nach oben lief, in die Sant Feliu einbog, so, wie ich es jeden Morgen tat.

Auf dieser Insel ereigneten sich merkwürdige Dinge, die mein bisheriges Zeit- und Raumkoordinatensystem irgendwie aus den Angeln hoben.

Insofern wunderte es mich nicht, dass ich Hubert an diesem Tag im Büro sitzen sah, als wäre er nie fort gewesen. Er hatte die Beine auf dem Tisch gekreuzt und las Zeitung. Ich ging hinein.

„Na, schon eingelebt?", fragte er gut gelaunt.

„Ich wohne in einem Hostal, das ich auf Dauer nicht bezahlen kann, meine Arbeit besteht darin, Adressen, Programme und Öffnungszeiten einzugeben, ich habe keine Zeit, irgendetwas von der Insel kennenzulernen, Jürgen redet überhaupt nicht mit mir, Jochen nörgelt nur. Und dann bekomme ich noch nicht mal mein Geld."

„Was? Wieso bekommst du nicht dein Geld?", sagte er und rief Kathrin, bei der er eine direkte Leitung zur Gestoría bestellte.

"Der Anfang auf der Insel ist schwerer, als man glaubt, aber es lohnt sich, du wirst schon sehen", sagte er und nahm seine Füße vom Tisch, als das Telefon klingelte. Er sprach mit dem Gestor Gonzalo persönlich. Noch heute könne ich meine Unterlagen abholen, hörte ich. Wenig später stand Kathrin in der Tür und Hubert diktierte: „Redakteurin dieser Zeitschrift sucht Mietwohnung in Palma, bis 600 Euro. Angebote an die Redaktion." Das kommt noch in diese Ausgabe." Kathrin zögerte.

„Ist mir egal, wie, dann schmeiß eine andere Anzeige raus." Kathrin nickte und verschwand.

„So, das hätten wir geklärt", sagte er zufrieden. „Heute kümmerst du dich um die Formalitäten, du gehst gleich rüber zur Gestoría, dann richtest du dir ein Konto ein, und schon morgen hast du dein Geld. Und bald eine Wohnung. Dann kommt auch die neue Kollegin aus Deutschland, sie soll sich um die Werbung kümmern, Kathrin macht den Serviceteil, und du kannst Reportagen und Berichte schreiben. Dafür haben wir dich ja schließlich hier."

„Interessierst du dich für Mode?", fragte er mich.

„Ja", sagte ich, obwohl es nicht stimmte.

„Da habe ich was. Wir machen etwas über mallorquinische Modemacher – und davon gibt es viele auf der Insel –, eine Serie, in der du in jeder Ausgabe einen vorstellen kannst. So lernst du etwas von Land und Leuten kennen. Am Wochenende steht dir der Firmenwagen zur Verfügung, für Reportagen. Oft benutzt ihn Jürgen, da müsst ihr euch absprechen."

Die Gestoría lag in einer Nebenstraße der Olmos, einer Fußgängerpassage mit vielen kleinen Geschäften, Banken, Imbissen und Büros und der typischen Namensverwirrung. Alle nannten sie Olmos, geschrieben stand Oms.

Ich wartete auf dem Flur. Es herrschte ein geordnetes Treiben wie auf einem Laufsteg, Frauen mit auf den Leib geschneiderten Kostümen und hochhackigen Schuhen zogen an mir vorbei, ihre Blicke streiften mich manchmal wie ein Windzug, doch mehr geschah nicht. Nach einer Stunde endlich wandte sich eine Dame an mich: „Dona Carola?"

Ich reagierte nicht, Carola war mein zweiter Vorname, der nie benutzt wurde. Er hatte als Friedensangebot meiner Mutter an meinen Vater den Weg in mein Leben gefunden und war wie alle Kompromisse einer Frau an einen Mann eine reine Formsache. „Dona Carola", polterte noch einmal die tiefe Stimme. Ich war die Einzige auf den Stühlen, also musste sie wohl mich meinen. Ich folgte ihr in ein helles Büro mit Schränken voller Akten. Hier residierte der Gerente[5] der Gestoría, Gonzalo Villanuevo de Garcia. Ein Mann im besten Alter mit einer Statur, die von robusten und edlen Vorgängern erzählte und so wenig in ein Büro passte wie ein Stier in eine Garage. „Usted viene por Don Uvert? – Sie kommen von Don Uvert?"

Es war das erste Mal, dass ich in Spanien gesiezt wurde. Ich überlegte, aber *Uvert* war eindeutig die spanische Variante von Hubert. Und nickte: „Si señor. – Ja, mein Herr."

Er entfaltete seine vor dem Bauch verschränkten mächtigen Hände und wies auf den Stuhl. Mit sorgfältig manikürten Fingern schob er einen Berg von Formularen zu mir. Ich unterschrieb etwa zwanzig Mal in die Kästchen, auf die er seinen Zeigefinger setzte. Dann bekam ich einen Zettel in der Größe einer Visitenkarte, auf der eine lange Nummer stand, die mich nun ein Leben lang, wie er in einem deutlich gesprochenen Spanisch erklärte, begleiten würde. Meine Sozialversicherungsnummer. Als Nächstes bekam ich mehrere Bögen, auf denen kleine Klebezettel mit Codestrichen, Nummern und meinem Namen waren. „Das ist die N.I.E.", sagte der Gerente, „Numero de Identificación de Extranjeros", also die Identifikationsnummer für Ausländer. Eine neunstellige Zahlenreihe mit einem X für Ausländer davor. Mit dieser Nummer war ich nun ein legal auf Mallorca lebender Ausländer.

Unter dem Strichcode standen wie bei Warenetiketten meine Namen. Spanier tragen mindestens zwei Nachnamen, der erste ist der erste Nachname der Vaters, den zweiten erbt man von der Mutter. Und da in Spanien, wie in vielen Ländern, nicht sein kann, was nicht sein darf, etwa dass ein Mensch nur einen Nachnamen trägt, hatte man meinen zweiten Vornamen kurzerhand zu meinem ersten Nachnamen gemacht. Fortan war ich also Frau Carola. Ehe ich nachfragen konnte, hatte mich der Gestor schon wieder aus der Tür geschoben.[5] Es war zehn vor zwei und damit *hora de comer*, Mittagszeit. Erst draußen bemerkte ich, dass ich etwas nicht hatte; meinen spanischen Arbeitsvertrag.

Spanier lieben Nummern. Auf den ersten Blick widerspricht, für mein Empfinden, ihre der Dramatik und dem Spiel zugeneigte Mentalität diesem Faible für kühle Arithmetik. Aber vielleicht ist es der Versuch, wenigstens den Anschein von Ordnung in den zur Entropie hingezogenen mediterranen Charakter zu bringen. Jedenfalls: Überall, wo viele Menschen etwas von wenigen wollen, gibt es ein Nummern-zieh-System. Beim Fleischer, am Fischstand im Supermarkt, auf Post und Bank und in allen Behörden. Kleine rote oder schwarze Kästchen hängen meist versteckt in einer Ecke. Hier muss man eine Papiernummer ziehen und dann das Erscheinen derselben auf einem Bildschirm abwarten. Das ist die einfache Variante. Die komplizierte besteht darin, dass man sein Anliegen schon vorher einem Nummerntyp zuordnen muss. So ist das auf der Hauptpost in Palma zum Beispiel. Will man einen Brief verschicken oder abholen, will man einen Scheck einlösen oder Wertmarken kaufen, eine Rechnung begleichen oder das Handy aufladen – alles hat seinen verklausulierten Nummerntyp. Und versteht man die im telegrafischen Kurzstil formulierten katalanischen Ausdrücke nicht, die den Nummerntypen zugehören, kann man sich am Informationsschalter einreihen. Und da Unverständnis in diesem Fall keine Frage des Sprachvermögens ist, war diese Schlange immer besonders lang; auch hierfür zieht man freilich eine Nummer. Wenn man angesichts einer weit entfernten Zahl jedoch glaubt, noch einen Kaffee trinken zu können, oder sich eine Zeitung besorgen will, läuft man Gefahr, seine Nummer zu verpassen. Denn der Ablauf der Nummern ist, wie alle zeitlichen Abläufe in Spanien, schwer zu kalkulieren. Und wenn man seine Nummer verpasst hat, dann muss man eine neue ziehen. Am besten, man harrt aus, ohne die klickenden Zahlenautomaten aus den Augen zu lassen. In der Post wartete ich einmal vierzig Minuten, obwohl nur drei Nummern vor der meinen waren. Doch plötzlich versagte die Technik. Die Nummernuhren zeigten nur noch Striche. Anstatt der Reihe nach weiter die Wartenden abzuarbeiten, nutzten die Beamten die Zeit, um ihre Fingernägel zu feilen, Zeitung zu lesen, Rätsel zu lösen, zu telefonieren, oder aber sie erhoben sich mit einer gewissen Schwerfälligkeit von ihren Stühlen, um hinter die aufgestellten spanischen Wände zu verschwinden. Ich war die Einzige, die sich aufregte, handelte mir mitleidige Blicke ein und lernte, dass man den Dingen eben ihren Lauf lassen muss.

Deshalb ist das Geschäft mit Gestorías ein blühendes. Jedem, der es sich leisten kann, sei empfohlen, einen Gestor zu engagieren, denn selbst das Ummelden eines Autos, das Bezahlen von *multas*, Strafen, die Anerkennung der Fahrerlaubnis kann mehrere Tage in Anspruch nehmen.

Meine nächste Aufgabe bestand darin, ein Konto zu eröffnen. Wie überall in Europa gibt es auf Mallorca eine Reihe von Banken und Kassen, sogar die Deutsche Bank residiert hier, doch das kam für mich nicht infrage, schließlich wollte ich in die hiesige Gesellschaft eintauchen. Eine richtige Entscheidung, denn es hätte meinem Image geschadet. Ich wusste zu diesem Zeitpunkt noch nicht, dass man mit der Wahl des Geldinstitutes seine Weltanschauung offenbart. Und wenn ein Deutscher zur Deutschen Bank geht, zeigt er sein Misstrauen spanischen Geldinstituten gegenüber, und das wird man ihm – sofern er in die Gesellschaft eintauchen will – als unverzeihliche Arroganz auslegen. Es gibt die Sa Nostra, wörtlich übersetzt heißt sie „Die Unsrige",[7] die Banco Santander baskischen Ursprungs, Caja Madrid für die Hauptstädter, Caixa Catalyuna, die katalanische Sparkasse, und viele andere mehr. Und die Banca March. Diese hatte Hubert mir angeraten. Dort würde ich mein Geld am schnellsten bekommen, denn er selbst führte seine Konten dort.

Ich wusste natürlich nicht, dass man sich mit dieser Bank bestenfalls als prinzipienfrei outet. Juan March, Namensgeber und Gründer der Bank, ist eine der umstrittensten Inselfiguren. Er entstammte einer armen Bauernfamilie, handelte mit Schweinen, piratisierte, kollaborierte im Ersten Weltkrieg mit den Engländern und den Deutschen, widmete sich dem Schmuggel, baute Tabak an, finanzierte die Stromversorgung Mallorcas, war Straßenbahnunternehmer, gründete die noch immer existierende Flotte Compañía Transmediterránea und war Zeitungsverleger. Als er 1926 die Banca March ins Leben rief, nannte er das zweitgrößte Finanzvermögen sein eigen, das je ein einzelner Mensch angehäuft hatte. Damals war man stolz auf den erfinderischen Bauernsohn, der es vom Schweinehirten zum Millionär gebracht hatte. Er zog für die Linksliberalen ins Parlament, ein Intermezzo, das ihn nicht daran hinderte, Francos Invasion Mallorcas mitzufinanzieren. Auch später soll er großzügige Unterstützung geleistet haben, auf dass der Bürgerkrieg zu Gunsten des aufständischen Militärs ausgehe. Mallorca war nach einer schnellen und äußerst blutigen Invasion im Juli 1936 die erste Bastion der von Hitler und Mussolini unterstützten Franquisten. Nachdem sie etwa zweitausend Gewerkschafter, Liberale, Intellektuelle, Anarchisten und Antiklerikale erschossen, ins Meer geworfen oder an Olivenbäume genagelt hatten, führten sie vom im Terror erstickten Mallorca aus den Bruderkrieg gegen die republikanische Volksfront auf dem Festland und auf Menorca, das während des Bürgerkrieges republikanisch geblieben war. Ein dunkles Kapitel, dessen Narben in jüngster Zeit wieder aufbrechen, vielleicht, um irgendwann zu heilen.

Anmerkungen zum November

[1] Corte inglés ist die größte Einkaufskette Spaniens, vergleichbar mit Kaufhof und Karstadt. In Palma gibt es zwei, einen kleinen in der Jaime III und einen großen in der Avenida.

[2] Katalanisch Avinguda, span. Avenida ist die Allee. Die Stadtmauer wurde in einem ehrgeizigen Städtebauprogramm 1902 fast vollständig abgerissen, an ihre Stelle wurde der Stadtring gebaut. Einige Teile der Mauer in den Vierteln Sant Pere Puig und Calatrava sind erhalten geblieben.

[3] Un tabaco: Zigarettenladen.

[4] Albert Vigoleis Thelen: Die Insel des zweiten Gesichts. Die erste Ausgabe erschien 1953.

[5] Gerente: Geschäftsführer, Direktor, Leiter.

[6] Gestor: jemand der auf der Gestoría arbeitet.

[7] „Sa" ist der mallorquinische weibliche bestimmte Artikel.

Dezember

„Bis zu mir nach Hause, das findest du niemals, das ist zu kompliziert. Ich warte auf dich in der Bar Central, sie liegt am Marktplatz, und der ist dort, wo die Kirche ist. Das kannst du nicht verfehlen", sagte Catalina, als wir uns für diesen Abend in Alaró verabredeten. Sie war eine mallorquinische Modemacherin, über die ich im Kulturmagazin berichtet hatte und die mich zu einer *cena*, einem Abendbrot, einladen wollte.

Die Mallorquiner haben den Ruf, Fremden gegenüber verschlossen und ungastlich zu sein. Jeder, der etwas über die Insel zu wissen glaubt, berichtet das, sogar diejenigen, die eigentlich keine Mallorquiner kennen. Den Grundstein für dieses Klischee legte die französische Schriftstellerin George Sand.[1] Befreit von bürgerlichen und finanziellen Zwängen reiste die begabte Schriftstellerin, Femme fatale und Feministin 1838 mit ihren zwei Kindern und ihrem Geliebten, dem Komponisten Frédéric Chopin, nach Mallorca, verbrachte in der Kartause im Bergdorf Valldemossa einen furchtbar kalten und verregneten Winter und schrieb eines der schönsten Bücher über die damals noch wenig bereiste Insel. Ein poetisches Buch, das begeistert über die Natur berichtet und über die Menschen schimpft. George Sand nannte die Inselbewohner „diebisch", erzählte, dass sie „nicht ein einziges noch so kleines Geldgeschäft mit Mallorquinern abgewickelt habe, bei dem ich auf ihrer Seite nicht schamlose Unehrlichkeit und grobe Gier angetroffen habe"[2] Hilfsbereitschaft oder selbstlose Gastfreundschaft seien diesem Volke fremd, sagt sie. „Die Vorstellung der Aufopferung für einen Unbekannten konnte genauso wenig in ihre Köpfe dringen wie die der Redlichkeit oder sogar der Gefälligkeit. Allerdings waren alle Reisenden, die das Innere der Insel besucht haben, von der Gastfreundschaft und der Uneigennützigkeit der mallorquinischen Bauern überrascht." Doch diese Freundlichkeit erfahre man nur durch eine Empfehlung. Dann werde man „kostenlos empfangen, beherbergt und gefeiert ... Diese einfache Empfehlung ist, so scheint mir, ein entscheidender Punkt."

Ich sollte George Sands Urteil, das auch heute noch wie ein Damoklesschwert über der Touristeninsel hängt, nicht bestätigen können.

„Das wahre Mallorca", sagte Catalina, „befindet sich im Inselinnern. Genau genommen in Alaró." Und das wollte sie mir zeigen. So hatten wir uns für diesen Freitag verabredet, und ich versuchte pünktlich aus dem Büro zu kommen. Halb acht. Als ich gerade gehen wollte, kam ein Anruf. Jochen nahm ihn entgegen und hielt mir den Hörer hin: „Für dich."

Ich deutete auf die Uhr und fragte mich, warum arbeitssüchtige Menschen es schaffen, einem ein schlechtes Gewissen zu machen, wenn man ihrer Besessenheit sich versucht zu entziehen. Verärgert nahm ich den Hörer.

„Dígame."

„Ja? Ja", hauchte eine weibliche Stimme ins Telefon, „spreche ich denn nicht mit Frau Roth?"

„Doch, tun Sie. Bitte!"

„Aber Sie sagten doch einen anderen Namen."

„Das ist der spanische Gruß, heißt: Bitte, sagen Sie mir", erklärte ich gereizt. Ich wollte nun wirklich los und fragte mich, was jemand, der nicht mal den spanischen Mindestwortschatz beherrschte, wohl so Dringendes mitzuteilen hatte, das nicht auch bis Montag warten konnte.

„Ich habe, was Sie suchen", sagte die Frau.

„So, so", antwortete ich in einer Art, die von Jochen auf mich abgefärbt haben musste. Nichts zu fragen verstärkt die Erklärungsnot des anderen.

Nun, die Frau bot mir eine Wohnung an. Ich sollte sie so schnell wie möglich besichtigen, am besten morgen früh. Seit zwei Wochen war die Wohnungssuchanzeige im Blatt, ich hatte wieder einige Unterkünfte besichtigt, die entweder in Randbezirken lagen, zu teuer oder furchtbar abgewohnt waren. – Nein, die Spanier sind überhaupt nicht unsauber. Ich stimme ihnen sogar zu, wenn sie die Ansicht vertreten, dass sie reinlicher sind als wir. In unseren Breitengraden habe ich selten Menschen mit solcher Inbrunst fegen, wischen, Wäsche schütteln, glattziehen, Ecken auskratzen, Krümel auflesen sehen, wie ich es auf Mallorca noch erleben sollte. Nur überträgt sich diese Putzwut, die dem verbissenen Kampf gegen Ungeziefer geschuldet ist, nicht auf das, was man Fremden zum Leben anbietet. Also weder auf Pensionen noch auf Mietwohnungen, diese sind häufig wirklich „unter aller Sau". Ich hatte mich schon, wenn auch widerstrebend, an den Gedanken zu gewöhnen versucht, im Hostal zu bleiben, bis ich mir eine Miete von siebenhundert Euro leisten könnte, das ist nun mal der Preis für eine menschenwürdige Bleibe in Palma. Doch nun wurde ich hellhörig.

„In der Straße Carrer de ses Barques de Bou, das ist an einem wunderschönen, hübschen, sehr spanischen Platz gleich an der alten Stadtmauer", hörte ich, „fünfzig Quadratmeter, fünfhundert Euro, Nebenkosten inklusive."

„Das klingt interessant."

Wir verabredeten uns für den nächsten Vormittag um zehn.

Ich flitzte erfreut die sechs Etagen bis in die Garage hinunter, seit dem Stromausfall mied ich die engen Fahrstühle.

Es war schon zehn nach halb acht, ich fuhr den Firmenwagen, den Hubert mir bis Samstag überlassen hatte, aus der Tiefgarage und stand mitten im Stau. Wie sollte das erst im Sommer werden, wenn doppelt so viele Gäste nach Mallorca kommen, wie es Einwohner hat? Doch der Grund des Staus war ein winterlicher: die Vorweihnachtszeit. Kräne montierten bunte Lichterketten von Häuserwand zu Häuserwand und versperrten die Straße. Im Fahr-stop-warte-fahr-Tempo ging es zur Avenida, von dort musste ich auf den Stadtring. Als ich endlich die richtige Abfahrt nach Inca gefunden hatte, die man über die Ausfahrt von Andratx erreicht, das eigentlich in der entgegengesetzten Richtung liegt, musste Catalina bereits in der Bar Central sitzen. Meine Zeitplanung war wieder einmal aus den Fugen geraten. Gab es überhaupt ein Treffen, zu dem ich pünktlich gekommen war?

Ich griff zum Handy, obwohl das auch auf Mallorca während des Fahrens verboten ist. „Ich stehe im Stau", vereinfachte ich die Situation.

„Kein Problem, ich warte", sagte Catalina in der lieblichen Melodie, mit der manche Inselbewohner Spanisch sprechen. „Denk dran, die dritte Ausfahrt nach Santa Maria musst du nehmen!"

Ich starrte auf die im Scheinwerferlicht aufblitzenden Hinweisschilder, auf denen immer mehrere Orte in unterschiedlicher Schriftgröße aufgezählt waren. Auch die Pfeile waren nicht eindeutig zu verstehen. Sie hatten eine andere Neigung, als ich gewohnt war. Rechter Pfeil meint zum Beispiel oft – aber nicht immer – geradeaus. Bald las ich das erste Mal „Santa Maria", wenige Kilometer später das zweite Mal, dann aber sah ich es nicht mehr. Die Autobahn schlängelte sich durch die dunkle Landschaft, an alten Herrensitzen vorbei, sandfarbenen Urbanisationen und Mühlen mit abgebrochenen Flügeln auf Hügeln. Eine große Stadt näherte sich,

ich war in Inca und eindeutig zu weit. Ich fuhr an eine Tankstelle und griff zum Telefon.

„Tranquila, tranquila", beruhigte sie mich. „Ich warte so lange, bis du kommst."

Eine Insel stellt man sich klein und übersichtlich vor, schließlich grenzt sie an allen Enden ans Meer. Doch Mallorca ist irgendwie in sich gefaltet.

Ich fuhr jetzt wieder Richtung Palma, nahm die erste Ausfahrt, auf der Santa Maria ausgeschildert war, und landete in Consell. Von meiner Arbeit wusste ich, dass es hier sonntags einen interessanten Markt gab, auf dem man alle möglichen Dinge kaufen konnte, Gebrauchsgegenstände und richtige Schätze, Kameras aus den Sechzigerjahren, Möbel aus inseleigener Produktion und auch Dinge, die über Einwanderer ihren Weg nach Mallorca gefunden hatten. Wenn ich eine Wohnung hätte, würde ich unbedingt einmal hermüssen. Jetzt aber war es viertel nach acht. Ich kramte meine Karte heraus, Alaró lag keine zehn Kilometer von hier entfernt. Es gab eine alte Landstraße oder den Weg über die Autobahn Richtung Palma. Ich nahm die Autobahn, und nachdem ich die nächste Ausfahrt genommen hatte, gelangte ich an ein Rondell, einen der vielen Kreisverkehre, und las schwarz auf weißem Pfeil den Namen Alaró. Weitere fünf Kilometer führten über eine Landstraße, dann bog ich endlich in das Städtchen ein. Ich folgte den Pfeilen zum Zentrum und landete an der grauen Kirche. Sie macht einen wehrhaften Eindruck, ist im 13. Jahrhundert erbaut worden und damit eine der ältesten Mallorcas. Ich parkte den Wagen und betrachtete die Fassade. An ihrem oberen Teil wirkten die mausgrauen Felssteine wie gehäkelt. Die malerisch schöne Plaça war in fahles Laternenlicht getaucht und verlassen. Die Menschen hatten sich längst in ihre marésfarbenen Bürgerhäuser zurückgezogen, ein paar Schilder blinkten in grellen Farben,

Bars und Restaurants, die geöffnet waren. Ich ging in die Bar Central. Catalina saß am Tresen vor einer Cola.

„Du bist wohl dem *fuego fatuo* zum Opfer gefallen", sagte sie, kippte mit einem Schluck die Cola runter, schlug ein dunkles Wolltuch um ihre Schultern und verabschiedete sich von dem Gläser putzenden Barmann.

„Dem was?", fragte ich, als wir durch die Pendeltür gingen.
„Den Irrlichtern."
„Welchen Irrlichtern?"
„Hast du davon noch nicht gehört?"
Verwundert schüttelte ich den Kopf.

„Alle Neuankömmlinge werden auf der Inseln von falschen Lichtern gelockt, mach dir nichts draus", sagte sie lachend, während wir in ihren Landrover stiegen.

„Du musstest warten, tut mir leid", sagte ich beschämt.

„Auf Mallorca gibt es keine verlorene Zeit. Ich habe mit Jaume gesprochen, sonst komme ich ja nicht dazu."

Sie bog in eine Kurve ein, die einer gespreizten Haarnadel glich. Dann überquerten wir die Brücke eines Gebirgsflusses. Der letzte Sturm hatte einige Steine aus der Befestigung gerissen, die nun als riesige Brocken auf der Fahrbahn lagen. Im Rückspiegel verloren sich tanzend die Lichter von Alaró-Stadt. „Das ist der Stadtteil *los damunts*. Siehst du, wie schön es in der Nacht aussieht?", fragte Catalina. „Heute leben dort viele Deutsche", sagte sie, „kein Wunder, *los damunts* heißt auch ‚die Obrigen'."

Ich überhörte den vorwurfsvollen Klang und erzählte ihr von der Wohnung, die ich morgen anschauen würde.

„Für fünfhundert Euro kannst du hier auch was finden", sagte sie. „Größer und bestimmt neu, allerdings in dem anderen Stadtteil, in *los davalls*, das heißt ‚die Unteren'."

„Aber ich habe kein Auto, wie soll ich dann zur Arbeit kommen?"

„Ein Auto brauchst du sowieso, sonst kannst du die Insel nicht erkunden, aber das besprechen wir später, ich habe schon eine Idee."

Wir folgten einem schmalen Weg, der von Steinmauern gesäumt war. Manchmal blitzte der Mond zwischen den Bäumen, beleuchtete die sandfarbenen Häuser und dunkelgrünen Palmen.

„Siehst du die Berge da?"

Im Mondlicht schimmerten ihre Spitzen weiß, sie waren schneebedeckt.

„Das ist der Puig Major, und daneben liegt der Puig Massanella, die höchsten Berge Mallorcas, über vierzehnhundert Meter. Auf der Hälfte, das kannst du jetzt schlecht erkennen, ist das Castell de Alaró, schon mal gehört?"

Ich hatte darüber gelesen. Im Castell de Alaró, der Burg von Alaró, hatten sich die *runes* acht Jahre lang versteckt, als die Mauren 902 die Insel eroberten; so bezeichneten die Mauren die Nicht-Araber und Nordvölker. 1229 waren es dann die Mauren selbst, die der christlichen Invasion unter der Führung von Jaume I. zwei Jahre auf der Burg standhielten.

„Kann man es besuchen?", fragte ich.

„Natürlich, es sind zwar nur noch Ruinen, aber es gibt eine kleine Herberge, in der man essen und auch übernachten kann, und eine Kirche, zu der die Leute pilgern, wenn sie Hilfe für einen Kranken erbitten. Der Weg ist nicht ganz leicht, schwindelerregend, nicht immer befestigt. Von dort oben hat man einen wunderbaren Blick über die gesamte Insel. Deshalb war sie strategisch auch so wichtig. Wenn du magst, gehen wir einen Tag hoch."

Catalinas Finca lag am Ende des Weges, der nach Osten führt. Hund, Katze, ihr Mann Jordi und ihre zwei kleinen Kinder kamen uns lärmend entgegen, als wir über den Kieselsteinweg auf das Grundstück fuhren. Das Haus war aus

Naturstein gebaut und über dreihundert Jahre alt. Hinter einer Fassade betrat man den quadratischen Innenhof, es gab drei Eingänge, einen zur Küche, einen anderen zu den Arbeitsräumen und einen dritten zu den Schlafräumen.

Wir gingen in die Küche, wo an einem langen Tisch *pa amb oli* stand. Das berühmte und beliebte „Brot mit Oliven" besteht aus einem ungesalzenen Graubrot, das man mit dem Mark frischer Tomaten bestreicht, danach mit Olivenöl beträufelt und es mit Schinken, Käse oder *sobrassada* belegt. Dazu werden ein guter mallorquinischer Rotwein serviert sowie Insel-Oliven.

Während Jordi die Kinder ins Bett brachte, tranken wir unseren *cortado*, den kurzen *café con leche*.

Catalina war in Alaró groß geworden, kannte ihren Mann noch aus der Schulzeit, ihre Eltern wohnten im selben Dorf, ebenso die anderen Geschwister. Nur sie, die Jüngste, war irgendwann ausgeflogen, hatte in Barcelona gelebt, dann in Großbritannien, später in New York. Sie hatte Design studiert, gemalt, gebildhauert, eine Ausstellung in New York bestückt, war auf viele Messen eingeladen, und doch hatte es sie eines Tages aus Heimweh, wie sie sagte, zurückgezogen. Ein Mallorquiner kann nicht woanders glücklich werden, hatte sie gesagt.

„Jordi kam mich kaum besuchen, er vertrug schon das Essen in Barcelona nicht, dann fehlten ihm die Berge, die er täglich mit dem Fahrrad hoch- und runterradelt. Ich wäre gerne noch eine Weile in New York geblieben, hätte gern Berlin oder auch Prag kennengelernt, aber das hätte bedeutet, auf das, was mein Leben hier ausmacht, verzichten zu müssen. Jordi wollte Kinder und heiraten, das war seine Bedingung, und wenn ich mein Leben mit jemanden teile, dann mit ihm. Wir sind seit der Schulzeit zusammen. Ohne ihn wäre ich wohl allein geblieben."

Wir gingen in den Hof, atmeten die feuchte Winterluft ein. Eine eigenartige Stille umfing uns, die von einem Klangteppich unterlegt war: eine Schafherde, die in der tintendunklen Nacht graste.

„Gibt es Momente, in denen du deine Entscheidung bereust?", fragte ich sie. Plötzlich ertönte ein Tierschrei. Ich schaute Catalina fragend an.

„Das ist Petita."

„Petita, die Kleine, was ist das?"

„Mein Eselfohlen, das jüngste."

„Du hast Esel?"

„Ja, drei sogar, früher transportierten die Leute ihre Waren zu den Märkten, mein Vater kennt das noch, anderthalb Tage sind sie bis Palma gelaufen. Mich inspirieren sie, verbinden mich mit der Tradition, mit dem Leben, das uns auf Mallorca verloren gegangen ist. Jetzt ist es zu dunkel, aber wenn du mal am Wochenende kommst, zeig ich dir alles. Das machst du doch, oder? Du bist hier immer willkommen."

„Ja danke, das würde ich gerne."

„Wir haben zehn Hektar Land, Olivenbäume, Orangen, Zitronen und Johannisbrotbäume."

„Und wie ist das nun, fehlt dir manchmal das Leben in den Metropolen?"

„Ja, manchmal, doch", sie überlegte, wobei sie ihren Hals reckte und das Kinn nach vorne schob. „Aber ich reise viel, das war unser Deal. Jordi lässt mich halt ab und zu ziehen. Er ist, sagen wir, liberal."

Wir gingen in ihr Atelier. Nähmaschinen, Kleiderständer, zwei Staffeleien, die mit Laken verdeckt waren, ein langer Arbeitstisch. Sie zeigte mir ihre Skizzen der neuen Kollektion, die mich an chinesische Zeichnungen erinnerten. An jedes Blatt waren Fächer mit verschiedenfarbigen Stoffquadraten geklebt. Eine minimalistische Arbeit.

„Keine Wolle mehr?", fragte ich.

„Nein, das mache ich nicht mehr."

Catalina hatte mit einer Wollkollektion Aufsehen erregt, im In- und Ausland. Sie hatte Kleider entworfen, mit großen Maschen wie Netze, und ärmellose Überzüge, die dicht gestrickt waren, wie Zelte. Alles in den Farben der Insel: in rostbraun, grau und sandfarben.

„Früher entwarf ich für die Fremden, dass sie etwas von Mallorca mitnehmen konnten, heute mache ich etwas für die Mallorquiner, dass sie etwas von der Welt für sich annehmen. Ich glaube, wir brauchen das nötiger als umgekehrt, verstehst du?"

Ja, ich verstand.

„Doch das ist nicht einfach. Die Menschen wehren sich gegen Veränderungen. Zu viele wurden ihnen in zu kurzer Zeit aufgedrückt. Weißt du, den meisten hier fehlt Selbstbewusstsein, deshalb war das alles möglich."

„Was meinst du, was möglich war?"

„Wir haben unsere Seelen verkauft, und wenn wir nicht endlich lernen, uns selbst zu vertrauen, wird Mallorca bald nicht mehr sein, was es war."

Ich sah einen Schimmer von Vorwurf in ihren Augen, ganz kurz, dann hatte sie sich wieder gefangen.

„Aber niemand hat die Mallorquiner gezwungen zu verkaufen, man kann doch nicht sagen, dass ihr besetzt wurdet."

„Es war unsere eigene Schuld, ja." Sie machte das Licht aus, zum Zeichen, dass ich genug gesehen hatte. Wir gingen zurück über den Hof, die Nacht war friedlich und still.

„Wir wussten nicht zu schätzen, was wir hatten", sagte sie.

„Aber weißt du was? – Wenn du Mallorca wirklich verstehen willst, dann lerne unsere Sprache."

Diesmal hatte ich keine Zweifel, sie war ein Traum, mir wie auf den Leib geschneidert. Eine Wohnung. Es gab noch zwei andere Bewerberinnen, da ich aber die Erste gewesen war, sagte Gerlinde, sollte ich auch Vorrang haben. Die kleine, schmale Frau, Ende fünfzig, war ebenso euphorisch wie ich, als sie mir die Wohnung zeigte. Sie besaß den ganzen Wohnblock mit vier Etagen, die man im Spanischen auch *manzanas* nennt, Äpfel. Die drei Etagen erreichte man über ein Treppenhaus, dessen Tür neben meinem Eingang lag und mit einem Kettenschloss versperrt war. In mein neues Domizil führten eine blau gestrichene Holztür und eine Treppe, die steil wie eine Hühnerleiter ins Wohnzimmer mündete. Rechts stand ein kleiner Ofen, dahinter lag eine Küche, fensterlos, darin ein blauer Tisch und zwei Klappstühle, ein winziger Herd und ein Kühlschrank. Über der Treppe befand sich ein kleines quadratisches Fenster, von dem aus man einen Zipfel Meer sah, daneben ein großes mit einem vergitterten Austritt, das man bei uns französischen Balkon nennt und das der Spanier mit Persianern verschlossen hält, wenn er nicht gerade Wäsche aufhängt. Drinnen ein blaues Sofa, dazu ein kleiner Tisch, die Wände weiß getüncht. Durch eine verglaste Flügeltür gelangte man in das Schlafzimmer, fensterlos, dahinter ins Bad mit einer Dusche. Statt der angekündigten fünfzig Quadratmeter handelte es sich um etwa fünfunddreißig, doch diese vermieterische Übertreibung war mir keinen Pfifferling des Diskutierens wert. Nichts von dem, was ich bisher gesehen hatte, war so charmant. Ich atmete tief durch und überlegte.

„Das Plastikrohr?", fragte ich und deutete nach draußen, wo an der Fassade aus den oberen Etagen ein solches runter in eine Tonne führte. „Das Haus wird saniert?"

„Ja."

„Das wird sicher laut sein?"

„Wenn, dann nur tagsüber in der Woche, das dürfte haargenau die Zeit sein, in der du arbeitest." Sie sah mich triumphierend an.

„Im Moment baut nur ein Freund in der obersten Etage ab und zu, wenn er Zeit hat, aber davon dürftest du kaum was mitbekommen. Laut ist es manchmal hier am Platz, das ist ein typisch spanischer Platz, da spielt sich eine Menge Leben auf der Straße ab."

„Du kannst sofort rein, morgen. Es war für meine Tochter gedacht, aber die bleibt bei ihrem Freund in Frankfurt." Gerlindes Augen bekamen einen merkwürdigen Glanz, ein Ausdruck von Schmerz, der aber gleich wieder hinter einer Fassade verschwand, so wie Catalinas Wut gegen die Deutschen. „Heute Nacht streiche ich sie, stelle ein neues Bett rein. Morgen Nachmittag bringst du das Geld, eine Kaution und zwei Monatsmieten mit, wir machen einen Vertrag für ein Jahr, das ist hier so üblich, und dann ist sie dein. Einverstanden?"

„500 Euro?", fragte ich nach.

Sie nickte. „Wasser inklusive, Elektrizität geht extra, ich melde dich bei der Gesa an.[3] Für den Herd und das warme Wasser brauchst du Propangas, aber das ist ganz einfach. Wenn die Flasche leer ist", erklärte sie und zeigte mir eine hinter einem Vorhang versteckte Gasflasche, „stellst du sie einfach vor die Tür, legst das Geld drunter, 13 Euro, falls du nicht da sein kannst, und der Gasmann wechselt sie aus. Er kommt alle zwei Tage vorbei."

Ich ging zu meiner Wirtin in den Stadtpalast, erklärte ihr, dass ich morgen umziehen würde. Sie bot mir ein Zimmer im Dachgeschoss an, für 450 Euro pro Monat. Doch das kam jetzt nicht infrage.

Am Sonntag war ich zum vereinbarten Zeitpunkt an der Tür, ich hatte meinen voll gepackten Rucksack und zwei

Taschen dabei, der Rest stand noch bei Maria Alordes, unter den Augen des ausgestopften Marders.

Ich klopfte an die Tür, eine Klingel gab es nicht. Es tat sich nichts. Ich rief mehrmals „Gerlinde!" in Richtung der geöffneten Persianer. So laut, dass eine junge Frau aus dem Nachbarhaus auf den schmalen Balkon trat, sich über die mit Bettdecken behangene Balustrade lehnte, ihre Brille aufsetzte und mit andalusischem Akzent sagte: „Oye, no grites tanto, alli no hay nadie. – Hör mal, schrei nicht so laut, da ist keiner."

„Doch, doch", sagte ich. „Ich werde da einziehen", antwortete ich erfreut, „ich bin mit der *dueña* verabredet, mit der Eigentümerin."

„*El dueño*, den Eigentümer, Walter", sagte sie, „den habe ich schon lange nicht mehr gesehen."

„Nein, eine Frau, sie heißt Gerlinde."

„Ich habe da noch nie eine Frau gesehen, oben wohnt Walter, ein Deutscher, ich bin übrigens Dolores, wie heißt du?

„Marie"

„Ah, Mari, wie ich."

„Ich denke Dolores", rief ich, wobei ich meine Arme vor die Augen halten musste, die Sonne blendete mich.

„Na, Maria Dolores, aber nenn mich Lola, machen all meine Freunde. Wenn du was brauchst, ruf mich einfach, ich bin hier!"

„Danke", sagte ich und setzte mich neben den großen Rucksack auf den Absatz vor die Tür. Es war warm, bestimmt zwanzig Grad. Im Dezember gibt es auf Mallorca den so genannten kleinen Sommer, ein oder zwei Wochen schönstes Wetter mit einer Sonne, die die Erinnerungen an das klammkalte Leiden verblassen lässt wie einen schlechten Traum am Mittag.

Ich wählte Gerlindes Handynummer und hörte das Klingeln in der Wohnung. Wenn ich ihr Klingeln so deutlich vernahm, musste sie mich doch auch Rufen gehört haben! Ob ihr etwas passiert war? Einen Moment stellte ich mir alles Mögliche vor. Sie konnte überfallen worden sein, einen Zuckerschock erlitten haben, hatte sie nicht so ein Zittern an den Händen? Und wenn sie von der Leiter gefallen war ... Sollte ich die Tür eintreten? Sie wirkte nicht sehr stabil. Eine schlechte Idee, besann ich mich, denn wie sollte ich sie dann später selbst verschließen ... Die Polizei rufen? Das war albern. Vielleicht war sie auch nur kurz weggegangen, hatte das Handy liegen lassen. Ich wartete und stellte fest, dass ich geduldiger geworden war. Ich stoppte nicht mehr die Zeit in Gedanken, die ich glaubte zu verlieren, sondern überließ mich immer öfter dem Zustand der Ruhe, saß einfach da, ließ Gedanken passieren, wie Bilder eines nicht besonders aufregenden Films.

Dann hörte ich ein Stöhnen. Ich horchte auf: Das war eindeutig aus der Wohnung gekommen. „Gerlinde!", rief ich noch einmal und vernahm ein Husten. Dann ein zaghaftes „Moment ...".

Es rumpelte. Sie öffnete die Tür.

Sie war eingeschlafen, erklärte sie, Farbreste bedeckten ihr vom Liegen zerknittertes Gesicht. Sie hatte ein neues Bett aufgestellt, alle Wände getüncht, Handtücher, Bettwäsche gebracht, die Wohnung geputzt und sogar mit Blumen dekoriert. Ich nahm den Geruch von Alkohol wahr und kochte einen Kaffee, räumte eine leere Weinflasche in die Küche.

Schnell erledigten wir die Formalitäten, ich unterschrieb einen dreiseitigen Mietvertrag auf Deutsch, bezahlte fünfzehnhundert Euro in bar, bekam eine Quittung, sie gab mir die Schlüssel und verschwand.

Bevor es neun war, hatte ich mich eingerichtet.

Am nächsten Morgen erwachte ich von Schritten. Einbrecher? Mein Herz raste, es war stockdunkel, ich überlegte, ob ich unter das Bett kriechen sollte, lauschte und hörte, dass die Schritte über mir waren. Ich machte das Licht an, inspizierte die Treppe, die zur Tür führte, jeden Winkel der Wohnung, bis ich die Fensterläden aufstieß und auf den Platz schaute, dessen Pflastersteine friedlich im Mondlicht glänzten. Es hatte in der Nacht geregnet. Schritte von Absatzschuhen hallten, sie entfernten sich vom Platz. Es war kühl und ich verkroch mich noch einmal unter meine Decke. Morgen in der Mittagspause würde ich mir Holz besorgen, um den Ofen zu befeuern.

Anmerkungen zum Dezember

[1] George Sand (1804–1876), eigentlich Amandine-Aurore-Lucile Dupin de Francueil, geschieden, Mutter zweier Kinder, eine der ersten erfolgreichen Schriftstellerinnen, lebte, schrieb und stritt für die Gleichstellung der Frau.

[2] George Sand, Ein Winter auf Mallorca (Un hiver à Majorque, zuerst erschienen 1842).

[3] Gesa-Endesa heißt der Stromversorger auf Mallorca.

Januar

DAS NEUE JAHR begann mit einem Hustenanfall. Ich hatte mich an der zwölften Traube verschluckt. Ob damit mein Glück gefährdet war? Catalina goss mein Sektglas voll, klopfte beherzt auf meinen Rücken, „molt d'anys, molt d'anys[1] – gesundes Neues!", rief sie. „Esst ihr in Deutschland denn keine Trauben?"

„Nein", ich schluckte. „Ja, natürlich essen wir Trauben, aber nicht zu ..." Meine Worte gingen in den Neujahrswünschen, Küssen, lärmenden Fernsehgeräuschen unter.

Silvester auf Mallorca, ein Familienfest, zu dem mich Catalina eingeladen hatte, sonst hätte ich es wohl alleine verbracht.

„Du darfst sie nicht kauen", erklärte mir ihre Mutter, die, wie so oft in Spanien, ihren Vornamen an ihre Tochter weitergegeben hatte. Sie holte eine Traube aus der Tüte und pellte sie mit den Fingern. „So machst du das, nächstes Jahr!"

„Tragar sin masticar – schlucken, ohne zu kauen." Sie steckte sie in ihren Mund und schluckte.

Der Brauch besagt, dass man zu jedem der zwölf Glockenschläge eine Traube schlucken muss – in Gedanken an einen Wunsch. Diese Glockenschläge dürften einige der wenigen Dinge sein, die für ganz Spanien galten. Taktgeber war die Rathausuhr in Madrid. Die Glockenschläge wurden dann bis ins kleinste Dorf des Landes via TV übertragen.

Die zwölf Glückstrauben, *las doce uvas de la suerte*, haben ihren Ursprung in einer reichen Ernte im Jahr 1908. Damals sollen ein paar geschäftige Winzer die Idee mit dem Silvesterbrauch auf den Markt gebracht haben.

Ich brauchte frische Luft und schlich mich aus der Gesellschaft, die sich nun den Kindern zuwendete. Mich empfing eine feuchte Nacht. In der Ferne hallte dumpf ein Feuerwerk. Ich ging durch den Torbogen vor das Haus, wo die Dunkelheit vollkommen war. Es roch nach Erde, Rauch und Schnee.

Ich hätte gerne ein paar Tage in Berlin verbracht. Doch das hatte Hubert mir untersagt. Ja, untersagt. Hatte er damit nicht gegen das Recht verstoßen? Durfte ein Arbeitgeber im Ausland einem verbieten, in seiner Freizeit nach Deutschland zu fliegen? Aber welchem Gesetz unterstand ich, spanischem oder deutschem? Nur jeweils einer aus der Redaktion konnte Urlaub nehmen. Jürgen machte Weihnachten frei und Jochen über den Jahreswechsel. Und Hubert fürchtete, dass ich nicht pünktlich zurückkäme oder vielleicht überhaupt nicht, und dann wäre der Druck des Neujahrsheftes in Gefahr, was in der angespannten Situation, in der sich die Firma befand, das Aus bedeuten würde.

Doch ich war trotzdem geflogen, heimlich. Am 24. Dezember, der in Palma einem ganz normalen Arbeitstag gleicht, hatte ich mich abends in den Flieger gesetzt und war verspätet zur Bescherung in Berlin eingetroffen. Am 26. Dezember flog ich mit der ersten Maschine um sechs Uhr zurück.

Als ich in Berlin war, kam mir der Himmel so niedrig vor, die Häuserschluchten und Baumgerippe so trostlos, dass ich mich fragte, ob ich hier wirklich glücklich gewesen war. Zwei oder besser anderthalb Tage hockte ich in der kleinen, überheizten Wohnung meiner Mutter. Natürlich fragte man mich, wie es mir ging, und ich hätte mich gerne mitgeteilt. Nur kam ich mir vor, als würde ich noch immer am anderen Ufer eines Flusses stehen, der breit und vom Regen gepflügt meine Worte verschluckte.

69

Ich konnte nicht von den Blautönen des Meeres erzählen, dem harzgeschwängerten Duft des Waldes, dem Himmel, der am Horizont im Meer ertrinkt, nicht von den Rufen der Mauersegler und nicht von den im Sturm zitternden Palmen, auch nicht von den schaurigen Klängen der Kirchturmglocken, von den von der Zeit verwitterten Palästen und sandfarbenen Häusern, von den von Steinmauern gesäumten Wegen, über denen noch immer die Erinnerung an die Zeiten der Mauren lag.

Ich sprach gerade mal vom Ärger auf meiner Arbeit und von meiner merkwürdigen Wohnungsvermieterin.

Am zweiten Weihnachtsfeiertag hatte mich die Insel wieder. Es nieselte, der Bus war voll, aus dem Radio klang das spanische Sprachgeplänkel, das mich an überquellende Brunnen erinnerte, Reifen quietschten, Autos hupten, durch die abprallenden Regentropfen an der Fensterscheibe des Busses sah ich die verwischten Silhouetten der Stadt. Und ich fühlte mich irgendwie willkommen.

Ich schaute in den sternenklaren Himmel, zog das Tuch, das Catalina mir zum Jahreswechsel geschenkt hatte, fester um meine Schultern, sog die reine Luft ein und spürte, wie Kälte unter meine Haut kroch. Ich wünschte mir für das kommende Jahr, eine andere Arbeit zu finden. Ich wollte etwas machen, das mich mit dem Leben hier verband. Vielleicht könnte ich auf einem Bauernhof arbeiten, der auch Zimmer an deutsche Gäste vermietete, oder bei einem Winzer, schließlich hatte ich so etwas mal gelernt. Am liebsten würde ich einen Halbtagsjob machen und in der anderen Zeit schreiben. Vielleicht ein Buch.

Ich ging zum Haus zurück, Catalina kam mir entgegen. Sie hakte mich unter und zeigte in den Himmel.

„Schau mal, Jupiter, der Große Wagen, und dort, das, was

flackert, ist die Venus. Du siehst so traurig aus", sagte sie beiläufig. „Vermisst du deine Familie?"

„Nein. Ich bin nur nachdenklich. Silvester feiert man bei uns mit den Freunden, nicht mit der Familie, das ist eher Weihnachten so."

„Ja? – Komisch. Aber bei euch ist das ja sowieso anders, das mit der Familie."

Ich fixierte die flackernde Venus, ein bisschen Energie von diesem Planeten würde mir guttun.

„Die Familie ist bei euch nicht so wichtig wie hier, oder? Die meisten Menschen leben als Single."

„Na ja, das kommt darauf an ..."

Ich wollte nicht mit Catalina über mein eingefrorenes Liebesleben reden. Nicht jetzt. Vielleicht auch überhaupt nicht, sie hatte sich entschieden, hatte die Familie gewählt und das Abenteuer verlassen, eine Entscheidung, die ich nicht werten mochte, aber für deren Rechtfertigung ich auch nicht als Beispiel dienen wollte. Catalina war eben anders als ich, so, wie man Mallorca eben nicht mit Berlin vergleichen konnte. Doch Catalina gab nicht auf: „Ihr zieht früh von zu Hause aus, und die Alten bleiben allein, so allein, dass sie lieber nach Mallorca kommen. Es gibt hier schon Altenheime für Deutsche. Warum bleiben die Menschen nicht in ihrer Heimat, das verstehe ich nicht."

„Ich auch nicht, aber die alten Menschen, die hierher kommen, machen das wegen des Klimas; und ihre Familien, nun ja, sie glauben, auch nicht weiter weg zu sein als in einer anderen deutschen Stadt."

„Das genau ist das Problem. Sie glauben, sie wären in Deutschland."

Catalinas Mutter lebte nur wenige Häuser von ihrem entfernt, sie betreute die Kinder, wenn sie arbeitete. Und Catalina hatte sie ins Krankenhaus begleitet, als ihre Krampfadern entfernt worden waren. Drei Tage war sie bei ihr am Bett sitzen geblieben, hatte auf einem Sessel geschlafen, etwas, das man sich bei uns nicht vorstellen konnte.

„Ich glaube, der Mensch ist ein Familienwesen, kein Einzelkämpfer."

„Es ist vielleicht ein Problem, dass man in unseren Breitengraden individueller lebt, die Leute suchen ihr eigenes Leben. Aber es ist auch eine Art Loslassen, jeder bemüht sich um seine Freiheit, und das hat seinen Preis."

„Und glaubst du, dass das glücklich macht?"

Sie schaute mich mit ihren dunklen Augen ungläubig an.

„Nein, nicht glücklicher und nicht unglücklicher. Es ist einfach nur eine andere Art zu leben."

„Woran liegt das, am Klima?"

„Am Klima? Ja, vielleicht."

„Lass uns reingehen, mir ist kalt."

Sie nahm mich am Arm und schob mich ins Haus. Drinnen saßen die Männer um den offenen Kamin, während die Frauen die Tafel neu deckten. Nach einer Suppe und Tapas stand uns nun der Hauptgang bevor. Catalina schob einen Sessel dazu, drückte mich hinein und setzte sich selbst auf die Lehne.

„Du bist doch auch sehr familiär, nicht so kalt, arrogant wie die Deutschen, die oben in Alaró wohnen. Sie sprechen kaum Spanisch, von Mallorquinisch ganz zu schweigen."

„Vielleicht sind sie nur schüchtern."

„Schüchtern? Ein Deutscher? Niemals!"

„Woher kommt dieser Unterschied zwischen euch und uns?", fragte mich ihr Bruder Joan. „Das Klima?"

„Ich denke", sagte ich und schaute in die Flammen, „das liegt eher daran, dass wir eine industrielle Entwicklung hatten und ihr eine Agrar-Geschichte."

„Das ist interessant. Unter Franco ...", begann ihr Bruder Joan.

„Musst du schon wieder damit anfangen", unterbrach ihn Catalina und warf ihrem Mann Jordi einen entnervten Blick zu.

„Ich wollte ja nur sagen, dass wir unter Franco von Europa abgeschirmt waren. Die Öffnung kam erst nach seinem Tod."

„Die Öffnung für den Tourismus begann schon unter Franco", warf Jordi ein, der im Feuer zu stochern begann.

„Als Franco starb, war ich fünf Jahre alt und du zehn", sagte Catalina zu ihrem Bruder.

„Aber bis die *transición* vollzogen war, sind noch einmal sieben Jahre vergangen. Wir sind Kinder der Diktatur", beharrte Joan.[2]

„Vielleicht ist es so", warf ich ein. „Auf dem Land haben sich die Familienstrukturen immer länger erhalten. Die Industrialisierung erforderte Mobilität, sie verlangt, dass die Menschen sich aus ihren Strukturen fortbewegen. Sie schafft auch das Phänomen der Freizeit. Ich weiß nicht, ob es auf Mallorca früher diese Trennung von Arbeits- und Freizeit gab?"

„Unsere Eltern haben früher nicht die Zeit in Arbeits- und Freizeit geteilt, stimmt's, Catalina?", sagte Jordi zu Catalinas Mutter, die den Tisch deckte und uns nicht zu hören schien.

„Früher – was?", fragte sie abwesend.

„Der Tourismus hat unser Leben verändert, er hat uns eine andere Kultur aufgezwängt", sagte Joan. „Man hat die Uhrzeit angepasst, damit die Deutschen sie nicht umstellen müssen. Jetzt wird sogar diskutiert, die Siesta abzuschaffen."

„Was, warum das denn?", fragte ich.

„Man hat festgestellt, dass Spanier zu viel Zeit auf der Arbeit verbringen und dabei uneffektiv sind. Nun will man die geteilte Arbeitszeit abschaffen. Das halte ich für Schwachsinn, es ist einfach unzumutbar, im Sommer mittags zu arbeiten, das geht hier nicht, wegen der Hitze. Aber den Touristen interessiert das nicht."

Es war Zeit, an den Tisch zu gehen. Es gab mallorquinische Brasse in Mangold und Wein mit Rosinen und Pinienkernen gebacken, dazu goldgelb geröstete Kartoffeln. Nach dem Hauptgang kam der Nachtisch, Obst oder *crema catalana*, dann ein Kaffee, *cortado*, und später wurden Törtchen serviert in der Größe von Bonbons, und natürlich die mallorquinische Ensaïmada.

Es war ein Festmahl, das erst in den Morgenstunden endete.

Am 5. Januar stiegen Melchior, Balthasar und Caspar in orientalischen Gewändern im alten Hafen in Palma aus einem historischen Schiff. Ihr Geleit: Kamele, Pferde und Wagen voller Geschenke. Das Fest der Heiligen Drei Könige ist in Spanien das, was bei uns Weihnachten ist, nur wird es viel glamouröser gefeiert. Inselweit gab es Straßenumzüge, in Palma den größten, von tausenden Familien begleitet. Bonbons fliegen, Musiker spielen, die Könige winken von ihren Kamelen oder pompösen Wägen, die reich geschmückte Pferde und Esel ziehen. Auf den Wagen, so der Brauch, transportieren sie die Geschenke. Abends müssen die Eltern am heimischen Kamin drei gefüllte Weingläser aufstellen und einen Königskuchen, der die Könige, die der Geschichte nach durch den Kamin kommen, in das Haus locken soll. Am Morgen des 6. Januar finden die Kinder dann ihre Geschenke – oder, wenn sie nach Ermessen der Eltern nicht brav waren, nur Kohle.

Im Januar reiht sich ein Fest an das andere. Am 16. wird die Vornacht des Sant Antoni gefeiert. Er ist der Schutzheilige gegen Hexen, Teufel und Krankheiten. Schon im Büro hörten wir Zischen, Jaulen und Trommeln, das an einen mittelalterlichen Jahrmarkt erinnerte.

Doch es gab anderes, das meine Aufmerksamkeit auf sich zog. Hubert war an diesem Nachmittag in die Redaktion gekommen, was er normalerweise nicht tat, telefonierte in seinem Büro mit in die Hand gestütztem Kopf. Kurz vor Feierabend dann kam er mit Kathrin ins Redaktionsbüro. „Es sieht nicht gut aus, Jungs", sagte er, kaum dass die Tür ins Schloss gefallen war. „Besser gesagt, es sieht schlecht aus." Er setzte sich an den Schreibtisch von Jochen, der noch im Urlaub war.

„Der Anzeigenmarkt ist zusammengebrochen. Ihr seht ja selbst, auch bei den zwei anderen deutschen Wochenmagazinen sind sie mit der Seitenzahl heruntergefahren. Und bei uns, nun ...", er machte eine Pause, sah jeden von uns dreien an. „Ich weiß nicht, ob ich euch kommenden Monat noch bezahlen kann. Doch es gibt auch eine gute Nachricht, ich bin im Gespräch mit einem Sponsor, der uns noch größer herausbringen will. Wir machen diesen Monat weiter wie bisher. Aber ich muss sagen, dass es vielleicht sinnvoll wäre, wenn ihr euch nach Alternativen umschaut, vorsichtshalber, die Insel wird ja nicht größer." Er stand auf. „Ihr habt gute Arbeit gemacht."

Kathrin schaute zu Boden.

„Aber Chef", sagte Jürgen, „wie geht das denn? Ich will hier weiterarbeiten und nicht zur Konkurrenz."

„Ja, mein Junge, ich weiß. Du hast das hier mit aufgebaut. Es tut mir leid. Aber ich möchte ehrlich sein; sobald ich Neuigkeiten habe, sage ich Bescheid." Mit diesen Worten verließ er das Büro.

Kathrin pustete lautlos die Backen auf, ließ die Luft entweichen und ging ebenfalls.

„Und das Dezembergehalt, da fehlt doch auch noch die

Hälfte", sagte ich zu Jürgen. „Na, wenn das dein einziges Problem ist."

Als ich auf den Borne kam, traute ich meinen Augen nicht: Überall tanzten maskierte Menschen, feuerspeiende Drachen, Teufel, Hexen, es wurde getrommelt, getrötet, Sirenen jaulten. Um *foguerons*, Feuerstellen, wurde getanzt, teufelsähnliche Holzfiguren brannten darin.

„Hola, Mari", sagte jemand zu mir. Ich brauchte einen Moment, bis ich meine Nachbarin erkannte.

„Bist du alleine hier?", fragte sie.

„Ja."

„Ich auch. Magst du ein Bier?"

„Warum nicht?"

Wir gingen an den Straßenrand, sie holte aus ihrer grünen Umhängetasche eine Büchse „San Miguel".

„Diese Mallorquiner", sagte sie. „Sie machen einem das Leben zur Hölle. La madre que me parrió – die Mutter, die mich geboren hat; ich verfluche den Tag, an dem ich die Insel betrat. Mein Freund ist weg, in der Firma behandeln sie mich wie Dreck, und dann zahlen sie nicht mal richtig."

„Oh, das kenne ich", sagte ich und nahm einen Schluck vom lauwarmen Bier.

„Arbeitest du auch für Mallorquiner?"

„Nein, das mit dem nicht richtig Bezahlen. Aber das ist ein Deutscher, für den ich arbeite."

„Ich dachte, die Deutschen sind anders, die zahlen pünktlich und gut."

„In Deutschland vielleicht, aber hier nicht unbedingt."

Lola und ich schlossen Freundschaft, noch an diesem Abend. Wir zogen von einer Bar in die nächste und landeten am Ende im Atlántico, in der Carrer de Sant Feliu, gleich um die Ecke des Stadtpalastes der Witwe Alordes. Viele Male hatte ich wie ein Zaungast durch die Fenster geblickt.

Lola, die eigentlich Maria Dolores hieß und anders, als ich mir eine Lola vorstellte, schlank, dunkelblond und von bronzefarbenem Teint war, kam aus Granada. Sie war die älteste von vier Schwestern, hatte Jura studiert und war dann drei Jahre in Madrid, wo sie, gesponsert von ihren Eltern, für die *oposiciones* lernen sollte. Das waren Prüfungen, die man in Spanien für jede Stelle im öffentlichen Dienst ablegen muss. Hunderte Kandidaten unterziehen sich einem solchen Auswahlverfahren. Nach einem komplizierten Punktesystem werden dann die Erfolgreichen auf die entsprechenden Stellen berufen. Das können Ärzte sein, Lehrer, Erzieher und Bibliothekare, aber auch Gärtner, Pförtner und Putzpersonal in städtischen Institutionen. Da man eine solche Stelle sein Leben lang hat, dazu ein gutes Gehalt bei geregelter, nicht allzu langer Arbeitszeit und die Möglichkeit zu pausieren, versuchen viele, einen solchen Arbeitsplatz zu ergattern. Lola aber hatte, anstatt zu lernen, das Großstadtleben genossen und dabei ihren Freund kennengelernt. Dario, einen Grafiker, der im Segeln seine wahre Passion entdeckte und, um Kapitän zu werden, nach Mallorca ging. Zum Entsetzen ihrer Eltern folgte sie ihm, ohne die Prüfungen zu absolvieren, und lebte nun in wilder Ehe mit dem angehenden Kapitän. Doch sie stritten oft, wobei sie ihrem andalusischen Temperament die Schuld gab, das leidenschaftlich gern in schrillen Tönen seiner stets eifersüchtigen Liebe Ausdruck verleiht. Das letzte Mal hatte er sich nach einem solchen nervenaufreibenden Eklat fünf Monate in die Karibik eingeschifft. Sie hatte eine schlecht bezahlte Stelle als Buchhalterin in einer Baufirma angenommen und war so dramatisch unglücklich, wie es ihre katholische Erziehung zuließ. Ein Wechselbad aus Verzweiflung, Wut und Selbstgeißelung.

Ab 23 Uhr füllte sich das Atlántico stoßartig, Gruppen von Einheimischen, Zugewanderten und Touristen kamen in kurzen Schüben in die Bar. Die Stimmung stieg langsam, aber unaufhaltsam. Als wir unseren vierten Caipirinha bestellten, konnte man sich nicht mehr unterhalten und Lola gab sich der Musik hin; mit geschlossenen Augen wiegte sie ihren schlanken Körper in den Rhythmen des Latino Hiphop, wobei sie mit den ausgestreckten Armen und abgeknickten Händen schnipste. Ich betrachtete die Leute, die eng gedrängt beieinanderstanden und Gläser zum Tresen durchreichten. Dann spürte ich einen Windzug in meinem Nacken. Ich drehte mich um, da war er schon wieder, der Mann aus dem Internetcafé, er stand direkt hinter mir.

„Was ist los?", schrie mir Lola ins Ohr.

„Ich glaube, ich muss mal raus."

Draußen lehnte ich mich an die kalte Mauer eines der grauen Paläste, wie sie in der Straße stehen, ich hatte zu viel getrunken. Er war nicht der Mann, den Georg fotografiert hatte; und wenn doch? Was würde es mehr bedeuten als ein Zufall?

Ich schaute die Straße hinunter, die im fahlen Laternenlicht etwas Mittelalterliches hatte.

Am nächsten Tag gab es zu Ehren von Sant Antoni das größte Feuerwerk, das ich in meinem Leben gesehen habe. Es wurde bei Dunkelheit gezündet, im Hafen und auf dem Wasser. Zuvor hatte man die Altstadt abgesperrt und das Licht an der Hafenstraße Paseo Marítimo ausgestellt. Ich ging mit Lola dorthin, die verkatert war und von dem Mann schwärmte, den sie am Vorabend kennengelernt hatte, als ich bereits gegangen war. Gabriel, Architekt, ein richtiger Mallorquiner, Sohn eines Dichters, einer, der ihre andalusische Art entzückend fand.

Wenige Tage später, in denen Lola jeden Abend von ihrem mallorquinischen Verehrer ausgeführt wurde, war Sant

Sebastian, das Fest zu Ehren des *Patrons*, des Schutzheiligen von Palma. Lola hatte mir in einer Mittagspause, in der wir zusammen aßen, erzählt, dass es das schönste Fest der Insel sei. „Überall gibt es Konzerte auf der Straße, kostenlos, es werden Feuer angezündet und Grills eingerichtet, auf die jeder sein mitgebrachtes Fleisch legt", schwärmte sie. „Du besorgst das Essen und ich die Getränke. Und warm anziehen, nachts wird es ja immer noch kalt." Wir, besser gesagt: sie hatte zwei Optionen. Zum einen konnten wir uns mit Gabriel treffen, der zu einer privaten Feier wollte, oder aber uns zwei Freunden ihres eingeschifften Seemannes anschließen. Am selben Tag hatte sie einen Liebesbrief bekommen, von Dario, den sie mir aufgelöst vorlas. Darin pries er ihre natürliche Schönheit, die sich nicht schminken musste. Nicht wie die Touristinnen, die er auf der Yacht transportierte. Er hatte geschrieben, dass er jede Nacht von ihr träume und nichts sehnlicher wünsche, als dass sie ihren Streit beilegten. Was sie einerseits zu Tränen rührte und andererseits eine Eifersuchtsattacke auslöste. „Was für Frauen?", fragte sie mich, als könnte ich hellsehen. „Ausländerinnen", vermutete sie. „Die sind doch freizügig, oder?" Ihr Blick funkelte. „Stell dir vor: Fünf Monate lang ist er 24 Stunden am Tag umgeben von Frauen; exotischen Frauen, die Urlaub machen, die schöne Kleider haben, die sie tagsüber ablegen, auf einem Schiff!"

Ich versuchte sie zu beruhigen, indem ich ihr erklärte, dass die meisten sicher nicht alleine reisen würden, und zeigte auf meinen vollen Rucksack, den ich gepackt hatte. Um nicht das Vorurteil der Spanier über die Deutschen zu bedienen, das uns eine gewisse Knauserigkeit nachsagt, sowohl was die Gefühle angeht als auch das Geld, hatte ich Fleisch für eine Großfamilie eingekauft und dazu zwei mal sechs Büchsen Bier.

Lola war zu sehr in Gedanken bei ihrem Seemann, als

dass sie den Mallorquiner treffen wollte, und so gingen wir zur Bar Español, wo die zwei Freunde Darios warteten. Sie waren *madrileños*, also aus der Hauptstadt, jung gebliebene Mittvierziger, die Berlin liebten, ohne es gesehen zu haben, mich ausfragten über die Mauer, ihren Fall, die Ossis und Wessis, und uns durch die Stadt führten, ohne zu verraten, wohin. Es sollte eine Überraschung sein. Wir gingen an Bühnen vorbei, auf denen die Musiker Soundcheck machten, an großen Feuerstellen, um die eng gedrängt Menschen standen. Wenn ich sage, die Innenstadt war eine einzige Festmeile, untertreibe ich, es war Fiesta total. Doch die Männer führten uns die langen Treppen hinauf am Almudaina Palai hoch, wo die Nacht still war, und machten vor einem renovierten Stadtpalast halt.

„Genau hierhin wollte ich nicht", sagte Lola. Wir schauten uns an. „Ich glaube, hier ist die Party von Gabriel." Doch die Jungs hatten schon die Klingel betätigt und die Tür öffnete sich mit einem Summen. Wir gingen eine herrschaftliche Steintreppe hinauf. Auf halber Höhe lehnte ein gut aussehender Mann über dem Geländer. Die anderen, auch Lola, begrüßten ihn mit José. José hatte graumeliertes Haar, das wettergegerbte Gesicht der Seemänner und schaute mich verwundert an.

Wir traten in ein riesiges Loft, das minimalistisch eingerichtet war. An den Wänden hingen Bilder und Grafiken, ungefähr fünfzig Leute standen rauchend herum, mit Gläsern in der Hand, und betrachteten uns wie angespültes Strandgut. Die Bilder glichen Fotografien, waren aber gemalt, Szenen aus Museen, in denen der Betrachter die Betrachter der Werke betrachtet. Oder: Ein Besucher des Museums Prado lief aus dem Bild auf den Betrachter zu. Es gab auch die Variante, in der eine Skulptur auf eine Gruppe von Menschen schaute, die ein Kunstwerk betrachteten.[3]

„Diese Mallorquiner, richtige Langweiler", schimpfte Lola. „Bei uns in Andalusien tanzt man, und wenn jemand Neues kommt, wird er begrüßt."

„Aber das sind doch gar nicht alles Mallorquiner?", warf ich ein, während ich den Rucksack voller Fleisch und Bierbüchsen unauffällig in eine Ecke stellte.

„Komm, lass uns runtergehen, ich mag jetzt nicht Gabriel treffen", sagte sie.

Als wir auf der Straße waren, hakten wir uns unter, lachten wie zwei Schulfreundinnen, die sich gerade von einer langweiligen Klassenfeier weggeschlichen hatten. Wir fanden einen noch freien Grill in der Nähe einer Bühne vor dem Rathaus. Zwei Frauen mit Handtaschen über dem Arm, frisch frisiertem Haar und Pappschälchen mit Knabbereien lächelten uns an, als wir uns zu ihnen gesellten. Die Holzkohle glühte, und ich begann meine Spieße auszupacken.

„Wie der dich angeschaut hat", sagte Lola.

„Wen meinst du?"

„Na diesen José. Dario hat immer von ihm geschwärmt, ein toller Typ, er arbeitet beim Fernsehen, Junggeselle, hat ein Segelboot, der war hin und weg von dir."

„Meinst du", sagte ich und schaute mich nach einer Gabel um, mit der ich die Spieße umdrehen könnte. Daran hatte ich nicht gedacht, aber an Servietten.

Vor der Bühne hatte sich in der Zwischenzeit eine Menschentraube gebildet, dann brach Jubel aus. Eine Frau, etwa fünfzig, mit einem voluminösen Umhang, schwarzem Haar, war majestätisch auf die Bühne getreten. Sie hob die Hände, um das Publikum zu beruhigen, und stimmte mit voller Stimme ein Lied an. „Maria del Mar Bonet", klärte mich Lola auf, „eine mallorquinische Volksheldin, die schon unter Franco ihre Texte in ihrer damals verbotenen Muttersprache gesungen hat. „Wie melancholisch sie sind", bemerkte Lola abfällig.

Die Stimmung war wie bei einer Messe, die Zuschauer sangen mit, aber leise, sie waren gebannt.

„Sag mal, was hast du eigentlich gegen Mallorquiner?", fragte ich Lola.

„Ich? – Nichts. Aber sie sind ungastlich, meistens. Sie glauben, sie sind was Besseres. Die Deutschen mögen sie anders behandeln."

„Ich weiß nicht", sagte ich, „ja, es gibt dieses Vorurteil, aber Catalina zum Beispiel, meine Freundin aus Alaró, ist ganz anders, sie hat mich irgendwie aufgenommen."

Dann begann es zu nieseln. Die zwei Frauen, die mit uns am Grill standen, aber auf die Bühne starrten, spannten riesige Schirme auf. Lola öffnete den Wein, verteilte Becher auch an die Frauen, die sie dankbar annahmen. Als Maria del Mar Bonet eine Pause machte, fragten sie uns, wo es dieses Fleisch zu kaufen gebe.

„Im Supermarkt", antwortete ich, „aber wir haben genug, wenn ihr wollt."

Sie reichten uns im Gegenzug von ihren gerösteten Maiskörnern und Nüssen. „Anna", sagte die eine, „Teresa" die andere. Wir antworteten mit unseren Namen, es folgten jeweils zwei Küsschen, wobei man nur die Wangen aneinanderhielt und „encantada", sagte, was „entzückt" heißt und „sehr erfreut" meint. Während mir die eine Frau den Schirm hielt, wobei sie in die andere Richtung schaute, grillte ich *botifarrons*, mallorquinische Blutwürste, in Knoblauch eingelegtes Schweinefleisch und Spieße.

Dann kam spanischer Hiphop mit Einflüssen vom Flamenco, es wurde voll um unseren Grill und vor der Bühne, man tanzte und tauschte Fleisch gegen Getränke. Wir bekamen Gin mit Cola, Rum und Wein, tranken viele Male Freundschaft, verteilten Küsschen auf stoppeligen, glatt rasierten, parfümierten Wangen, wir drehten uns und tanzten im Nieselregen, mit Wein in der Hand oder Gin, ruhten uns unter den Schirmen aus, die die Frauen uns hinterlassen hatten, als sie gegangen waren. Irgendjemand hatte Campingstühle dazugestellt, in die wir uns nach jedem Tanz wie Schauspieler nach ihrem Einsatz fallen ließen.

Irgendwann tippte mich José an. Juan und Luis lachten und stellten mir ihre Frauen vor, Maribel und Rosa. José ließ mich nicht mehr aus den Augen. Immer wenn ich vom Tanzen zu der Gruppe kam, postierte er sich mir gegenüber und wartete mit neuen Fragen auf, nach dem Alter, Beruf, wie lange ich auf der Insel sei. Später philosophierten wir über die Wolken, an denen man das Wetter ablesen konnte, über den Levantewind, der nach Regen roch, den Mistral, der auf dem Meer für Stürme sorgte, und den Schirokko, den ich noch nicht erlebt hatte, der Sand aus der Sahara brachte. Er erzählte mir von einem Felsen im Osten der Insel, wo er Klarinette übte: ein Ort, den er mit Kormoranen teilte und den er mir zeigen würde, wenn ich wollte. Ich sah in braune Augen, die mich gefangen hielten, in mir forschten und in denen ich ein warmes Licht schimmern sah. Er notierte sich gerade meine Telefonnummer auf der Hand, um mich anzurufen, da packte ihn eine Frau am Ellenbogen. José zuckte zusammen. Sie war größer und kräftiger als die meisten Spanierinnen, und obwohl sie sicher über fünfunddreißig war, hatte sie ein unschuldig wirkendes Gesicht, das sie verletzlich wirken ließ. Sie trug ihre schwarzen, dichten, langen Haare streng gescheitelt und blickte mit aufgerissenen Augen durch ihre Nickelbrille. Das war wohl seine Frau, ich wendete mich ab.

Anmerkungen zum Januar

1 Wörtlich heißt das katalanische *molt d'anys* „viele Jahre", es wird genauso für „ein gesundes neues Jahr" gebraucht wie als Geburtstagsglückwunsch.

2 Als Zeit der „transición", des Übergangs, bezeichnet man die Übergangsphase von der Franco-Diktatur zur Demokratie westlichen Musters. Man datiert sie zwischen Francos Tod 1975 und der politischen Wende 1982, als die sozialistische Partei PSOE, die unter Franco verboten war, einen Wahlsieg errang.

3 Die Werke des Künstlers Girbent, geboren in Sóller 1966, waren 2009 in der Galerie Horrach Moyà, Carrer Catalunya, 4 in Palma zu sehen.

Februar

„Qué pasó? – Was ist passiert?", fragte mich Lola, als wir uns am nächsten Mittag trafen.

„Als ich ins Bürohaus kam, reichte mir die Portiersfrau einen Stapel Briefe, was verwunderlich ist, denn normalerweise nimmt mein Chef die Post entgegen oder Kathrin, aber weder sie noch er waren da." Demonstrativ packte ich den Stapel auf Lolas Tisch, wo sie schon die Teller für das Mittagessen bereitgestellt hatte.

„Qué?", sagte sie auf ihre Art, mit der sie in einem einzigen Wort Entrüstung, Vorwurf und Skepsis gleichzeitig ausdrücken konnte. „Aber das meine ich nicht, sondern das mit dir und José."

„Nichts", antwortete ich. „Von wegen Junggeselle, da stand plötzlich eine wirklich erboste Frau neben ihm. Sie wirkte, als hätte sie berechtigte Ansprüche an ihn. Aber", ich nahm einen Apfel, „ich glaube, ich bin arbeitslos. Das macht mir ehrlich gesagt mehr Sorgen."

„Vielleicht war es seine Schwester", sagte Lola, „das bekomme ich raus, der hat keine Freundin, da bin ich mir sicher."

„Danke, du brauchst mich nicht zu verkuppeln. Ich habe wirklich andere Probleme, und außerdem ist mein Wasser abgestellt."

Es war ein verflixter Tag. Schon als ich am Morgen die Briefe bekommen hatte, ahnte ich, dass sich hier eine anhaltende Schlechtwetterfront aufbaute. Mit den Briefen war ich mit dem Fahrstuhl in den fünften Stock des Bürohauses gefahren, saß dort eine halbe Stunde auf dem Teppich vor verschlossener Tür und versuchte Hubert, Kathrin, Jochen und

Jürgen zu erreichen, vergeblich. Dann war ich nach Hause gegangen und hatte festgestellt, dass mein Wasser nicht mehr ging, es war abgestellt.

„Das sind alles Rechnungen", sagte Lola. „Inkassobüro, Inkassobüro, Inkassobüro", sie knallte die Briefe auf den Tisch. „Wollen wir einen öffnen? Über dem Wasserkocher, das geht ganz einfach."

„Nein, lass mal, besser du rufst für mich bei Emaya an und fragst, was da los ist, du verstehst sie doch besser."[1]

„1125 Euro", hörte ich sie am Telefon wiederholen, „1125 Euro, aber wie ist das möglich?"

„Qué? – Pero …", sie nickte und hörte konzentriert zu. „Was? – aber … sie wohnt in dieser Wohnung seit acht Wochen, in der Wohnung, nicht im ganzen Haus. – Ja, eine Baustelle."

Ich schrieb ihr auf einen Zettel, dass im Mietvertrag geregelt war, dass Emaya von der Vermieterin bezahlt werden sollte, sie machte eine abwehrende Handbewegung, ich solle sie jetzt bloß nicht stören. „Aber das kann doch nicht sein, dass deshalb ein Mieter … sisi."

Sie schrieb eine Zahl auf den Zettel, 162, 52.

„Ja … gut, klar, das kann sie machen, moltes gràcies."

Sie legte auf und atmete durch. „Que simpático, wie nett", sie schaute mich triumphierend an. „Also, wenn du mit all deinen Unterlagen, der Residencia – die hast du doch?" Ich nickte. „Wenn du mit deinem Mietvertrag hingehst, direkt ins Büro, also alles vorlegst … Wichtig ist, dass die Daten der Vermieterin, ihr Name, ihre Kontonummer, wohin du die Miete überweist, vermerkt sind, dazu die Überweisungsbelege, dass du bezahlt hast. Und wenn du dann die Raten für die vergangenen drei Monate begleichst, direkt am Schalter, dann können sie das Wasser wieder anstellen. Ich würde das machen", sagte sie. „In Zukunft musst du dann eh schauen, wie das weitergehen soll. Du kannst ja nicht in einer Wohnung wohnen, wo das Haus dem Besitzer unter dem Hintern weggepfändet wird, wer weiß, was als Nächstes kommt. Der Mitarbeiter meinte auch, dass es einen Baustopp gebe und wahrscheinlich die Anlage in deiner Wohnung gar nicht so wäre, wie sie genehmigt sei. Na ja, was auch immer, geh bezahlen."

Das tat ich. Als ich im Wartesaal von Emaya saß und darauf wartete, dass meine Nummer dran war, rief Hubert an und erklärte, die Redaktion sei geschlossen.

„Aber warum habe ich davon nicht vorher erfahren, offensichtlich als Einzige? Die anderen kamen ja nicht", sagte ich.

„Hol deinen Aufhebungsvertrag bei der Gestoría ab, und damit gehst du dann zu INEM, der Nationalen Arbeitslosenbehörde, da kannst du Arbeitslosengeld beantragen."

Das Hauptbüro INEM befindet sich in der Nähe von Emaya in einem Eckhaus direkt hinter der östlichen Stadtmauer, dort, wo man im Zuge eines ehrgeizigen Städteverschönerungsprogramms die ehemaligen Wohngebäude der Militärs abgerissen hatte und jetzt ein riesiges Loch klaffte.[2] Als ich vor der Tür stand, wurde mir klar, dass ich erst meinen Aufhebungsvertrag brauchte.

INEM musste ich also auf den nächsten Tag verschieben. Ich ging langsamer als sonst nach Hause, erwog meine nun wieder existenziellen Probleme. Was, wenn eines Tages das Haus geräumt würde? Eigentlich brauchte ich eine neue Wohnung. Denn da war ja auch das Problem mit den Kindern. Ich musste mich schnell entscheiden, noch konnte ich Gehaltsbescheinigungen vorweisen, meine Miete für diesen Monat zurückbuchen, denn dass Gerlinde mir jemals meine Kaution zurückzahlen würde, glaubte ich nicht.

Das Problem mit den Kindern: So schön ich die Wohnung fand, ihre zentrale Lage, den Platz, den Barrio Sant Pere Puig mit seinen Bewohnern, andalusischen Zuwanderern, Hippies aus aller Welt, sesshaft gewordenen Weltumseglern, portugiesischen Gitanos[3] und den Nachfahren der mallorquinischen Bourgeoisie – die Kinder machten mir mit oder ohne fließend Wasser das Leben zur Hölle.

Es gab zwei Banden am Platz: eine Gang jugendlicher Mopedfreaks, die vorzugsweise am Wochenende an ihren Zweirädern schraubten und die Motoren aufheulen ließen, und dann eine Mädchenbande im Alter von sieben bis vierzehn Jahren.

Schon eine Weile spielten die Mädchen ein Spiel mit mir. Immer wenn ich nach Hause gekommen war, mir es gerade auf dem Sofa gemütlich gemacht und einen Tee gekocht hatte, die Gasheizung anfeuerte, weil der Ofen nach innen qualmte, lesen wollte oder einfach nur nachdenken, knallte es heftig. Das erste Mal lief ich die Treppe hinunter und schaute, ob mich da jemand besuchen wollte. Aber der Platz war leer. Verwundert schloss ich die Tür, ging auf mein Sofa zurück und vertiefte mich erneut in meine Lektüre. Kaum war ich wieder ins Buch eingetaucht, knallte es abermals, jetzt zweimal kurz hintereinander. Etwas war gegen meine Tür geflogen. Ich schaute aus dem Fenster und konnte wieder nicht die Ursache des Knalls ausmachen. Das wiederholte sich einige Male, bis ich verstand: Sie traten gegen meine Tür, rannten weg, warteten an der Ecke, beobachteten mich, und wenn ich mich wieder zurückgezogen hatte, ging es von vorne los. Diese Art Spiel betrieben sie immer, wenn ich zu Hause war, stundenlang, tagelang, wochenlang. Es half kein Reden, kein Schimpfen, keine Bonbons und kein Bitten. Ich war ein Klingelstreich-Opfer ohne Klingel, so dass ich nicht einmal die Klingel ausstellen konnte. Es war, als würden sie Steine gegen mich werfen.

Ich rief verzweifelt meine Vermieterin an, viele Male vergeblich, und als ich sie einmal erwischte, sagte sie: „Das habe ich dir doch gesagt, es ist ein typischer spanischer Platz, eben belebt."

„Aber was mache ich, wenn die Tür eines Tages aus den Angeln bricht?"

„Ruf die Polizei oder kipp einen Eimer Wasser aus dem Fenster." Sie sprach mit einer Stimme, die jeden Moment zu brechen drohte. Mir war klar: Bei diesem Problem konnte sie mir einfach nicht helfen.

Ich versuchte es mit Ignorieren, vielleicht würde es sie dann irgendwann langweilen. Aber das tat es nicht.

Am nächsten Morgen stellte ich mich in die Schlange der Arbeitslosen. Zuerst an die Information, dort wurde mir ein bestimmter Nummerntypus zugeteilt. Ich zog also eine B-Nummer und wartete weitere zwei Stunden. Als ich drankam, erhielt ich einen sogenannten Laufzettel, komplizierte Formulare, die ich ausfüllen und am kommenden Tag am Schalter C abgeben sollte. Auf Ämtern konnte man Tage verbringen, um dann undurchschaubare Formulare zu bekommen, in die man dann eigentlich nur die Identifikationsetikette einkleben musste, die mir damals der Gestor gegeben hatte. Den Rest füllten die Beamten aus, die sich gegen zunehmenden Andrang mit einer buddhistischen Ruhe wehrten, die wie eine Mauer wirkte, an der man umso heftiger abprallte, je eiliger man es hatte.

Eines Tages dann war ich am Schalter D, der Ausländern aus der europäischen Union vorbehalten war. Die Beamtin las schweigend die Unterlagen und stempelte die beklebten Formulare ab, dann schaute sie mich an mit dem Blick, der nicht sah, sondern sich der Betrachtung stellte, ohne eine Miene zu verziehen.

„Und nun?", fragte ich vorsichtig, als säße ich einem ablehnenden Geliebten gegenüber: „Was passiert jetzt?"

„Nach der Sozialgesetzgebung haben diejenigen EU-Bürger Recht auf Leistungen aus dem Beitragssystem, die eine Residencia haben, ihren Arbeitsplatz unverschuldet verlieren, arbeitsfähig und arbeitswillig sind. Sie müssen in den vergangenen sechs Jahren mindestens zwölf Monate in Spanien sozialversicherungspflichtig gearbeitet hat."

„Zwölf Monate?"

„Ja."

„Das trifft auf mich nicht zu."

„Richtig."

„Warum hat man mir das nicht gleich zu Anfang gesagt?"

Schulterzuckend schob sie mir einen Zettel von einer deutschen Arbeitsvermittlerin über den Tisch.

Unermüdlich war das gute Wetter, jeden Tag stieg die Sonne etwas höher, brannte ein paar Minuten länger und erwärmte die Luft bis zur Mittagszeit auf angenehme zwanzig Grad. Als ich an diesem Nachmittag nach Hause kam, hatten sich ein paar Frauen vor meiner Tür niedergelassen. Eine sehr korpulente auf der Stufe zu meinem Eingang, die anderen auf Campingstühlen davor. Ohne ihr Gespräch zu unterbrechen, schoben sie ihre Beine beiseite, als ich mich an ihnen umständlich – ich hatte zwei volle Einkaufstüten – vorbeihangelte. Drinnen aber hörte ich ihre Gespräche, als befänden sie sich in meinem Zimmer. „El chino",[3] sagte eine, und: „Juaneras und seine Frau, ach, das gab was, richtig Ärger, madre mia." Dann sprachen sie über Sonderangebote und Rezepte. Eigentlich wollte ich Ideen für Reportagen entwickeln oder aber wenigstens lesen, doch bei diesem Geräuschpegel?

Ich stellte Musik an, drehte die Lautstärke voll auf. Aber auch das war keine Alternative.

Dann ging ich hinunter.

„Entschuldigung, stört euch meine Musik?", fragte ich.

„Nein", sagten sie einhellig und schauten sich belustigt an.

„Aber mich stört, dass ihr hier sitzt. Es ist, als wenn ihr in meinem Zimmer wärt."

„Qué?", sagte die Dicke, die auf meiner Treppe saß, abfällig und ungläubig zugleich, wie ich es von Lola kannte.

„Das ist aber unser Platz, hier sitzen wir schon immer, auch bevor du hier warst."

„Und wenn ihr ein Stück nach vorn rückt, ich meine, mit den Stühlen?"

„Ich habe keinen Stuhl."

„Juana", sagte die Jüngste, die mir recht vernünftig erschien, „dann bringen wir morgen eben einen für dich mit."

„Danke", sagte ich. „Noch was, eine Frage..."

„Frag!", sagte die Nette, wobei sich ihr Gesicht zu einer angestrengten Grimasse verspannte. War ich vielleicht zu spießig? Zu lärmempfindlich? Zu deutsch? Zu quadratisch im Denken?

„Die Kinder, die hier immer spielen, sie treten gegen meine Tür."

„Kinder eben", sagte die Dicke, die auf meiner Stufe saß.

„Ich kann Kinderstreiche verstehen, ja, aber eines Tages geht die Tür kaputt, und dann habe ich ein Problem. Habt ihr vielleicht eine Idee, was ich machen könnte?"

„Bueno, niña", sagte die Nette, „damit musst du wohl leben."

„Ich kann sie ja nicht einsperren", ergänzte die Dicke und lachte abfällig.

„Kipp Wasser aus dem Fenster", sagte eine andere.

„Cristina ist die Schlimmste", sagte die Junge, „die ist wie ihre Mutter, *la china.*"

Ich ging ins Internetcafé. Mit der Dämmerung, so hoffte

ich, wären die Damen sicher verschwunden. Ich könnte von dort auch die Arbeitsvermittlerin anrufen, zu Hause hatte ich keinen festen Anschluss. Ich stöberte meine Post durch. Anne hatte mir geschrieben: „Bleib bloß, wo du bist. Hier ist es nicht besser. Betriebsbedingte Kündigungen, schlechte Stimmung, und jeder hat Angst, dass er der Nächste sein könnte. Unseren alten Chef Reske haben sie an die Journalistenschule versetzt, der kann auch nichts mehr machen. Aber", hatte sie noch hinzugefügt, „es gibt ja bekanntlich nichts Schlechtes, das nicht auch sein Gutes hat."

Dann rief ich Frau Zet an, die deutsche Arbeitsvermittlerin. „Wissen Sie, ich mache das zwanzig Jahre und höre immer wieder diese Geschichten. Da werden Leute mit falschen Versprechungen aus Deutschland geholt und dann fallen gelassen. Na klar habe ich Jobs, aber das sind ...", ich hörte sie in Unterlagen blättern. „Sie sprechen Spanisch?"

„Ja, fließend."

„Na wenigstens das, und Englisch dann auch?"

„Geht so."

„In Port d'Andratx wird eine Verkäuferin für eine Nobelboutique gesucht, Englisch und Deutsch sind wichtig und eine sehr gepflegte Erscheinung. Dann suche ich eine Hausdame mit Führungsqualitäten für eine sehr nette, vermögende Familie, deutsch-amerikanisches Paar, zwei kleine Kinder. Dort haben Sie eine Menge Personal zu betreuen, und Sie werden Spanisch, Englisch und Deutsch brauchen. Es gibt eine Einliegerwohnung. Können Sie sich so etwas vorstellen?"

„Nein, das ist nichts für mich. Haben Sie nicht so etwas wie Gärtner oder auch mit Tieren? So etwas habe ich mal gelernt."

„Dafür will man immer nur Männer. – Ansonsten gibt es noch eine Galerie, wäre das nicht was, als Journalistin? Voraussetzung: Deutsch, Spanisch, Englisch; in Palma. Gesucht wird eine gepflegte, freundliche Erscheinung, ein Verkaufstalent. Sie sollten wirklich mal in mein Büro kommen! Damit ich Sie sehe, am Telefon ist das schwer einzuschätzen, es ist ja auch eine Typfrage. Mein ganz persönlicher Tipp: Wenn Ihnen etwas an Ihrer Karriere liegt, dann gehen Sie zurück nach Deutschland."

Ich bedankte mich, versicherte, darüber nachzudenken und mich wieder zu melden.

Hausdame mit Führungsqualitäten, ich sah mich in einer Schürze durch ein Anwesen flitzen, mit den Gärtnern schwatzen und den Wein über das weiße Tischtuch gießen. So etwas konnte ich garantiert nicht. Aber eine Weile in einem landwirtschaftlichen Gehöft mitzuarbeiten, das ja, und wenn ich dort auch wohnen könnte? Als Jugendliche war ich eine fanatische Reiterin gewesen, dann hatte ich in der Landwirtschaft gelernt, drei schwierige Jahre, die in mir die Sehnsucht nach Schreibstuben, Bibliotheken und der Universität weckten. Doch das war lange her.

Wieder traten sie gegen meine Tür, sie rannten nur ein paar Meter weiter und riefen: „Alemana, ven, danos caramelos – Deutsche, komm, gib uns Bonbons."

Dann hörte ich einen Schrei und ein Platschen. Jemand hatte Wasser aus dem Fenster gekippt, über mir, dort, wo eigentlich keiner wohnte. Es kehrte eine ungewohnte Ruhe ein. Irgendwann hörte ich das Schloss und die Kette der Tür, die zu den oberen Etagen führte, und ging auf die Straße.

„Gracias", sagte ich zu dem Mann, der aus dem Hauseingang kam und so verstaubt war, als wäre er einer Backstube entstiegen.

„Die sind unmöglich, da hilft nur 'ne Abreibung." Er hatte den leeren Eimer Wasser in der Hand „Kann ich den wieder bei dir auffüllen?", fragte er im bayrischen Dialekt.

„Klar. Aber was machst du da oben?"

„Ich wohne da."

„Du wohnst da? Ich denke, das ist eine stillgelegte Baustelle?"

„Willst du es sehen?"

Sicher wollte ich. Wir füllten den Eimer mit Wasser und gingen nach oben. Durch das Gitter des Eingangs drang fahles Straßenlicht in den schmalen Treppenaufgang, es roch nach Katzenpisse, auf jeder Etage war ein leerer Türrahmen. Walter hatte sich im dritten Stock eingerichtet, hinter einem Verschlag stand ein Propangaskocher, daneben hing, auf zwei Zementsäcke gestützt, ein Brett, darauf etwas Geschirr, in der Ecke lag eine Matratze samt Schlafsack. Er lebte ohne Licht und fließend Wasser. Walter erzählte mir, dass Gerlinde kein Geld habe, seitdem ihr Mann durchgebrannt war, das Haus hatte er ihr hinterlassen – inklusive Hypothek. Er hatte früher für ihren Mann gearbeitet. Nun durfte er hier leben, wenn er als Gegenleistung kleine Maurerarbeiten durchführte.

Dann kamen wir auf meinen Ofen zu sprechen, der seinen Qualm nach unten ausstieß, anstatt nach oben abzuziehen. Wir verfolgten das Rohr von Stockwerk zu Stockwerk, klopften, ob sich ein Vogel oder ein Nest darin verhangen hatte. Wir kletterten auf die Terrasse auf dem Dach, von wo man einen traumhaften Blick über die verschachtelten Altstadtdächer hinweg bis zum Meer hatte.

„Hier oben fühle ich mich frei", sagte er, während er mit einem Haken im Schornstein stocherte. „Jetzt müsste er ziehen. – Ich könnte nicht mehr in Deutschland leben, eingesperrt in den kleinen Buden, das ewig schlechte Wetter, die langen Gesichter auf den Ämtern." Er richtete sich auf und sah in die Weite. „Auch wenn ich nichts habe, hier oben fühle ich mich sehr reich." Dann fragte er, ob er bei mir duschen könne, was ich ihm nicht ausschlagen konnte, aber die Einladung zum Bier lehnte ich mit einer Ausrede ab.

„Das ist ja unglaublich", sagte Catalina, als ich nach dem Mittagessen die Ereignisse der vergangenen vier Wochen schilderte. Wir saßen auf einem quer gelegten Baumstamm hinter dem Haus, lehnten an der warmen Mauer, tranken einen *cortado*, blinzelten in die Sonne. Wir lachten über Walter und die verhuschte Gerlinde, über Hubert, meinen Arbeitgeber, und auch ein wenig über die Kollegen. Nur von José hatte ich ihr nichts erzählt und auch nichts von dem Mann, der mich an das Foto von Georg erinnerte.

„Glücksritter hat die Insel schon immer angezogen", sagte sie, „deshalb sind wir vielleicht so wie diese Feigenkakteen. Sie sind unverwüstlich, tragen reiche Früchte und Stacheln; und hast du gesehen, dass die Stämme manchmal richtig holzig sind?"

Ja, ich hatte sie gesehen, Kakteen, so groß wie Bäume, die überall wucherten, wo die Menschen das Land verlassen hatten. Ich hatte leere Gehöfte gesehen, deren Häuserstümpfe unter den ellenlangen, wuchtigen und stacheligen Gliedern begraben lagen. Catalinas Mauleselin Petita suchte in der Erde nach Essbarem, die langen Ohren schlugen gegen die Fliegen. Es war so warm, dass man vergaß, dass es noch immer Winter war. Die Mandelbäume blühten, die Kronen der kahlen Bäume waren weiß und lila getupft, dann gab es noch die Gänseblümchen, die ihre Köpfe durch die Erde steckten, eine Märchenlandschaft.

„Könntest du dir vorstellen, ein paar Wochen auf dem Land zu leben?", fragte mich Catalina.

„Nichts lieber als das."

„Warte mal, ich habe eine Idee", sagte sie und ging ins Haus.

Wir waren allein auf der Finca. Jordi war mit den Kindern bei seinen Eltern, die auch in Alaró lebten. Da die Familien seit Generationen verfeindet waren, begleitete Catalina selten ihren Mann zu seinen Eltern. Sie hatten gegen den Willen ihrer Familien geheiratet. Die Wurzel der Fehde lag im Spanischen Bürgerkrieg. Catalinas Eltern stammten aus Familien, die in den Dreißigerjahren die Republikaner unterstützt hatten. Jordis Familie, Gutsbesitzer und dem Klerus verbunden, hatten dagegen Francos Militärputsch begrüßt. Der Graben, der Mallorcas Gesellschaft bis heute in Rechte und Linke teilt, entstand in diesen Jahren, in denen Denunziation an der Tagesordnung war und den Tod bedeuten konnte. Jahrzehnte mussten Angehörige der Opfer, Republikaner, Antiklerikale, Gewerkschafter, Humanisten, Intellektuelle, kritische Bauern, ihren Kummer verschweigen. Viele wussten nicht einmal, wo ihre Toten verscharrt lagen. Erst mit dem Beginn des neuen Jahrtausends fanden die Forderungen der Nachkommen überhaupt Gehör, und man begann zögerlich, die Massengräber zu suchen. Auch Catalinas Mutter hoffte, die Überreste ihres Vaters endlich ordentlich beerdigen zu können.[5]

„Ein entfernter Onkel von mir hat einen Agroturismo", sagte Catalina, als sie wiederkam. „Das ist ein Landhotel bei Manacor. Sein Pferdewirt hatte einen Unfall, mein Onkel braucht jemanden für einige Wochen, der sich um die Tiere kümmert. Du könntest dort solange wohnen, bis wir was anderes in Palma finden."

„Manacor, das ist im Osten? Wie komme ich dahin?"

„Ich könnte dich hinbringen, und dort kannst du den Geländewagen nutzen, der zur Finca gehört. Das ist wirklich Mallorca *profunda*, das tiefe, wahre Mallorca."

„Und bezahlt er etwas?"

„Etwas kann er sicher bezahlen. Es wird nicht viel sein, dafür gibt es ja die Unterkunft, Wasser, Strom, alles inklusive."

Die Finca Son Sureda erreichten wir über eine Landstraße, die sich an Feldern, Koppeln, Steinmauern, Mandelbaum- und Olivenplantagen vorbeizog. Hinter der Kurve am Kilometer 5,6 zwischen Manacor und Colonia Sant Pere bogen wir scharf ab, fuhren in das offene Tor zu einem orangefarbenen Gutshaus. Ein Mann im Trenchcoat erwartete uns auf dem quadratischen Platz, der von Nebengebäuden und einer alten Mehlmühle umrandet war. Eine riesige Palme in der Mitte, ein Pool ohne Wasser, ein Traktor, Berge von Unterholz auf Wiesen.

„Er ist immer in Eile", sagte Catalina, als wir ausstiegen, „Anwalt, Landwirt, Pferdenarr und Rennfahrer..."

„Und Familienvater, hast du vergessen", fügte Fernando lachend hinzu. Er begrüßte uns herzlich und schaute mir prüfend in die Augen. „Das ist sie also, deine gestrandete Freundin?"

„Ja, sie hatte ein bisschen Pech, du weißt schon, die Irrlichter."

Er lachte.

„Und du kannst mit Pferden umgehen?"

„Ja, ich habe viele Jahre nichts anderes gemacht."

„Gut. Eine Freundin der Familie gehört zur Familie. Ich zeige dir alles kurz, eigentlich muss ich in einer halben Stunde in Palma sein." Er schaute auf die Uhr. „Dann überlegst du, ob du dir das zutraust, und wir telefonieren morgen. Ich brauche jemanden für sechs Wochen. Aber du bist allein hier." Er schaute mich nachdenklich an. „Das Hotel ist im Winter geschlossen, ich lebe mit meiner Familie in Palma, und die nächsten Nachbarn, die sind da unten." Er deutete in eine Richtung, wo das Land abfiel, bis es auf Felder stieß, braune, graue und rote Quadrate, die sich bis zur Levante-Bergkette zogen, die in diesiges Licht getaucht war. Man sah kein anderes Haus, kein Dorf, keinen Menschen.

„Du gibst ihr doch das Auto?", fragte Catalina.

„Klar, aber kommt." Er eilte mit großen Schritten und leicht nach vorn geneigtem Körper, wie Menschen, die in Gedanken schon immer einen Schritt voraus sind, über den Platz. „Der alte Pferdestall", sagte er stolz und öffnete die Tür zu einer riesigen Halle mit torffarbenen Wänden, einem Zwischenboden in fünf Metern Höhe. Krippen hingen an den Wänden, ein Holzkarren stand an der Wand und Mistgabeln.

„Und wo sind Pferde?", fragte ich.

„Tranquila, tranquila. Früher wohnten die Pferde direkt neben dem Herren, noch näher als sein Diener, der *mayordomo*, der wohnte mit seiner Familie nämlich hier." Wir traten in das nächste Gebäude, darin standen ein Kamin, ein riesiger Tisch und Stühle und an einer Wand ein vier mal fünf Meter großes abstraktes Bild in der Farbe Blau. „Viele meiner Gäste sind Künstler, Schriftsteller", erklärte er. „Sie kommen zum Arbeiten oder zum Ruhen."

Dann gingen wir an der alten Mehlmühle vorbei, von deren Rückseite ein schmaler Weg über Stufen zu den ehemaligen Schweineställen führte. Flache Steinhäuser mit Ziegeldächern, ein Brunnen.

„Du könntest hier wohnen", sagte er und steckte den riesigen Schlüssel in eine alte Holztür, die hinter einem Mauervorsprung versteckt war. Wir traten in ein Apartment mit Terrakottafliesen, Holzbalken an den Decken, Fensterluken in den halbmeterdicken Wänden, darin Windlichter und eine Tür, die auf eine Terrasse führte. Hinter der Terrasse lag eine wilde Wiese mit verholzten Feigenkakteen, kahlen Feigenbäumen, wilden Orangen, Oliven, schilfartigen Gräsern. Zwischen den Bäumen sah ich eine kerzengerade Zypresse, davor das Dach eines anderen Anwesens, auf dem ich eine Glocke wie bei einer Kirche sah. „Sind das die Nachbarn?", fragte ich.

„Das hier oben ist Son Sureda *pobre*, das Arme, und da –", er deutete auf das Gebäude, das zwischen den Bäumen wie ein Schloss hervorlugte, „Son Sureda *ric*, das Reiche. Vor dreihundert Jahren war das eins, bis sich das Erbe teilte. Wir haben mehr Land, aber sie das wertvollere Landgut. Dort befindet sich sogar die Kapelle für die Region", erklärte er.

„Und kann man die sehen?"

„Kaum, das dürfte schwierig sein, aber zu Ostern müssen sie sie öffnen, vielleicht können wir was arrangieren."

Wir eilten zu den Pferden, die auf der anderen Seite der Landstraße ihre Koppeln und Stallungen hatten. Hinter einem verschlossenen Tor führte ein langer, leicht ansteigender Weg hoch in die Berge, die mit dem grünen Flausch der Pinien bedeckt waren. Das Terrain war durch Mauern und Holzzäune in Koppeln und Felder geteilt. Die Pferde und Schafe weideten zwischen Mandel- und Olivenbäumen. Oben befand sich der Pferdestall mit Boxen.

„Früher züchtete man hier Maulesel", erklärte Fernando, „Son Sureda belieferte die ganze Levante.[6] Es gab natürlich auch die Mandeln, dann Oliven, auch Wein, der angebaut wurde, und die Pferde, aber die waren wie bei mir eher ein Hobby. Ein großes Geschäft machte Son Sureda mit Kalk." Fernando zeigte auf den weißen Anstrich an der Mauer des Weges. „Nach der Grippewelle 1918 wurde per Gesetz verordnet, dass alle Wohnräume zur Desinfizierung gekalkt werden mussten. Wenn du eines Tages hochgehst, in die Berge, findest du noch die Reste der Kalköfen, runde Steinöfen, die wie Zylinder in die Erde gebaut sind. Von dort oben hast du übrigens einen wunderbaren Blick über die ganze Levante."

Fernando hatte zehn Pferde. Pura raza española, die reinrassigen Andalusier, feurige, schöne und sehr gutmütige Tiere, die er einst züchtete, nun aber aus Liebhaberei hielt. Im Sommer ließ er seine Gäste reiten. Meine Aufgabe bestand darin, morgens die Pferde aus den Boxen zu lassen, sie bei Einbruch der Dunkelheit wieder in den Stall zu führen, die Wasserbecken zu füllen, Hafer und Heu zu verteilen.

Ich überlegte nicht lange. Zwei Tage später war ich auf der Finca, mit meinem gesamten Gepäck, das sich um zwei Kartons erweitert hatte. Gerlindes Wohnung hatte ich gekündigt.

Die Tage auf dem Land begannen mit der Morgendämmerung. Wenn die Vögel ihren Gesang anstimmten, räkelte ich mich im Bett und wartete, bis die Sonne durch die Fenster Streifen auf mein Laken warf, erst dann stand ich auf und feuerte den Kamin an. Nicht dass ich fror, nein, Fernando hatte das kleine Kraftwerk angestellt, das die Finca mit Warmwasser und Heizung versorgte. Ich trank den Tee im Bett, schrieb meine Gedanken und Ideen in ein Buch und ging dann zu den Pferden. Nit begrüßte mich wiehernd, wenn sie mich den Weg hochkommen hörte. Atrevida schlug aufgeregt gegen die Holztür, sie wollte als Erste auf die Koppel. Wenn ich alle Pferde draußen hatte, erledigte ich die Stallarbeit, die kaum zwei Stunden dauerte, sammelte etwas Holz, das ich zum Trocknen in die Sonne auf die Terrasse legte, und machte mich stadtfein. Wenn ich nach Manacor fuhr, war es nie später als elf. Ich erledigte dort meine Einkäufe, ging ins Internetcafé, schickte ein Exposé ab, falls ich eines hatte, schaute, ob eine Redaktion mir einen Auftrag erteilte. Meine Zeit bei Fernando war begrenzt, irgendwann musste ich wieder Geld verdienen.

Manacor ist eine vernarbte Stadt. Sie hat Blütezeiten erlebt und wilde Triebe geschlagen. Die erste Konjunktur brachten die Mauren. Sicher im Inneren der Insel gelegen und doch nah genug an den Häfen, errichteten sie hier ein wichtiges Handelszentrum, bauten eine der schönsten Inselmoscheen und herrschaftliche Sommerresidenzen. Dort, wo heute der 84 Meter hohe Turm der Kirche über der flachen Stadt in den Himmel ragt, befand sich eines der schönsten Minarette der Insel. Die Christen, die die Mauren vertrieben und ihre Gotteshäuser schliffen, schufen hier einen Königspalast. Die Landwirtschaft blühte und brachte bald Handwerk hervor, Wein wurde produziert, Möbel und Töpferwaren, später kamen die Textilindustrie und die Majòricas dazu, künstliche Perlen, die echten so sehr ähneln, dass sie den Namen Manacor in die Welt trugen.

Der Tourismus, der Mallorca in den Sechzigerjahren aus dem Schlaf riss, zog das Leben vom fruchtbaren Inselinneren in die Peripherie zur Küste. Manacor als Zentrum der Landwirtschaft blutete aus, erstarrte in Agonie, aus der es erst jetzt in den Zeiten der Rückbesinnung langsam erwacht.

Fremde kennen die Stadt eigentlich nur vom Besichtigen jener Majòrica-Produktionsstätten oder von der Durchreise, wenn man zum Beispiel von Palma nach Artà fährt oder in eines der vielen Hotel-Ressorts an der Ostküste.

Die breiten Straßen sind wie im Schachbrettmuster gezogen und gleichen einander in ihrer Tristesse: gesäumt von nicht sehr hohen, schmucklosen, verrußten Häusern, klaffenden Baustellen, Kränen, verstaubten Reklame- und Hinweisschildern.

Doch Manacor – der Name bedeutet „Hand aufs Herz" – hat auch eine andere Seite, die man wie vieles auf der Insel erst erkennt, wenn man sich verliert. Ich tat es, weil ich Zeit in Fülle hatte und meinen schlechten Orientierungssinn dazu. So lief ich eines Tages auf der Suche nach einem Internetcafé durch die Straßen nahe der Kirche. Und plötzlich befand ich mich in einem Gassengewirr, das noch verwinkelter schien als das von Palma und dazu fern jeder touristischen Koketterie. Ich fühlte mich wie in einer Kasbah, einer arabischen Altstadt, auch wenn die Häuser nicht weiß waren, sondern grau wie gepflügte Erde. Es roch nach Majoran, Jasmin, verbranntem Holz. Aus den höheren Häusern, die einen Hauch von Mietskasernen haben, drang Stimmengewirr. Hinter den verglasten Türen der mallorquinischen Bürgerhäuser sah man alte Frauen weiße Mantillas sticken. Durch die Straßen jagten Kinder, Mütter schritten behäbig mit vollen Einkaufstüten, manche von ihnen mit Kopftuch, andere im Tschador, dem langen Schleier. Die Männer saßen auf den Stufen der Häuser oder lehnten rauchend an Wänden. Eine alte Frau, die ich wegen ihres weißen Tuches um den Kopf zunächst für eine Ordensschwester hielt, lächelte mich, als ich gegen sie rempelte, so offen an, dass ich mich wie eine gern gesehene Bekannte fühlte. Gold blitzte aus ihrem geöffneten Mund, und ein Hennamuster zog sich wie ein Spinnennetz über Stirn und Wangen. Sie war eine nordafrikanische Berberin.

Ich sah kaum Touristen, keine deutschen Galerien, Inneneinrichter oder Bars, die sich an den Geschmack der reichen Fremden orientierten. In seinem Herzen wirkt Manacor zeitverrückt, als wären die Mauren zurückgekehrt.

Auch das Internetcafé, das ich nach einigem Suchen endlich gefunden hatte, war unter marokkanischer Führung. Eine Mischung aus Post, Lebensmittelgeschäft und Café. Hinter einem Ladentisch, der gläsern wie eine deutsche Fleischtheke blitzte, verkaufte der Vater nach islamischen Regeln geschächtetes Fleisch, Wasser, Halloumi-Käse, Früchte und jede Menge Süßigkeiten. In den Telefonkabinen hörte ich lateinamerikanische Frauen schluchzen, arabische Männer lachen, schwatzen und schimpfen. Vor dem Eingang wurden einige mir unverständliche Geschäfte abgewickelt. Auf weißen Tischen, die man aus Mensen und Dreisternehotel-Restaurants kennt, standen fünf internetfähige Computer der neueren Generation. Sie wurden von den heranwachsenden Söhnen des Besitzers betreut. Langbeinige Jungs, die zwischen Mallorquinisch, Arabisch, Französisch und Spanisch spielend wechselten und immer flink hinter die Computer huschten, wenn ihr Vater sie aus den Dolmetschdiensten entließ. Nach meiner halbstündigen Sitzung schrieben sie mir immer den Preis auf einen Packzettel, als wäre ich taubstumm. Eine blonde Frau konnte in ihren Augen einfach keine ihrer Sprachen sprechen.

Nachmittags fuhr ich gern durch die Gegend: über Landstraßen, die an umzäunten und ummauerten Obstplantagen vorbeiführten, an Wiesen, auf denen Schafe weideten, oder an rotgrauem Ackerland, das wie von Geisterhand gepflügt worden war. Nie sah ich einen Bauern, einen Schafhirten, noch nicht einmal einen Passanten. Manchmal ein Auto, auch einen Sulkyfahrer, der mit seinem Pferd zur Rennbahn fuhr. Nur Fahrradfahrer querten zuhauf, schlängelten sich durch die an- und absteigenden Landstraßen in ihrer glänzenden und grell leuchtenden Trainingsmontur. Einige Male fuhr ich auch an die Küste, folgte Schildern mit wohlklingenden Namen und gelangte an meernahe Siedlungen, die aussahen, als hätte es einen nuklearen Unfall gegeben. Die Fensterläden waren verschlossen, manche Markisen wehten zerrissen im Wind, Stühle, Tische, Bars, Restaurants, Kioskläden von Menschen verlassen.

Anmerkungen zum Februar

[1] Emaya, Empresa Municipal d'Agües i Clavegueram sind Palmas Stadtwerke, die für die Wasserversorgung und -entsorgung sowie Müllabfuhr verantwortlich sind.

[2] La façana marítima (katalanisch), die Meeresfassade, ist eines der ehrgeizigsten Bauprojekte Mallorcas, das der Verschönerung der historischen Ansicht Palmas dienen soll. In einer ersten Phase wurden die Blöcke der Militärwohnungen abgerissen, die an der östlichen Einfahrtstraße nach Palma vor und auf Resten der Altstadtmauer standen und so den „historischen" Anblick der Altstadt versperrten.

[3] Zigeuner, Sinti und Roma.

[4] El chino ist ein abfälliger Ausdruck über Menschen der untersten sozialen Klasse, Kleinkriminelle, in Drogenhandel Verwickelte. Entsprechend die weibliche Form „la china", wobei diese auch Haschisch bezeichnet. El barrio chino ist das Prostituierten- und Drogenviertel großer Städte, auch in Palma gab es eines, das einer Umstrukturierung unterliegt, sa Guerreria.

[5] Die Associació per la Memòria Història de Mallorca bemüht sich seit Jahren um das Orten von Massengräbern, die Exhumierung und Identifizierung der Ermordeten des Putsches von 1936.

[6] Levante (spanisch), Llevant (katalanisch) wird die Region im Osten der Insel genannt, mit Manacor als Zentrum. Llevant heißt Osten und Sonnenaufgang.

März

So wie man die eigene Küste aus den Augen lassen muss, um ferne Ufer zu erreichen, lebte ich meine Einsamkeit in Son Sureda. Es war die Stufe zwischen meinen Vorstellungen, die ich von der Insel Mallorca hatte, und der wirklichen Begegnung mit ihr. Ich erinnere mich an eine Nacht, in der ich unter einem hellen Mond saß und den unbekannten Geräuschen lauschte. Es war, als wäre ich mitten auf hoher See. Zwischen dem Abend und dem Morgen, im Nirgendwo. Wenn Orte eine Seele haben, woran ich glaube, so hat die Insel des Lichts sich mir in dieser Nacht offenbart. Ich war allein, wie die meisten Abende in den vergangenen Wochen. Nur ein Mal hatte ich Lola in Palma besucht und zwei andere Tage bei Catalina genächtigt, die sich bereits nach einer neuen Unterkunft in Palma für mich umhörte. Meine Tage bei Fernando waren gezählt. Sein Pferdewirt befand sich gesundheitlich auf dem Weg der Besserung, die Saison rückte unwiderruflich heran, mein Apartment würde bald vermietet werden und ich musste irgendwann auch mal wieder Geld verdienen. Am Nachmittag vor dieser Nacht war ich viele Kilometer durch das hügelige Land gelaufen, denn Nit, die Schimmelstute, hatte sich verirrt. Ich war durch die *garriga*, den mediterranen Buschwald gestapft, hatte „Niiiitt!" gerufen, was auf Mallorquinisch Nacht heißt, hatte nach Spuren wie abgebrochenen Zweigen, einen niedergetretenen Zaun oder gar Fellbüscheln gesucht, stattdessen aber neben einem verholzten Lederhalsband, an dem eine riesige Glocke hing, einen Schafsschädel gefunden. Ich riss mir die Beine und Arme auf, denn die alten Wege der Ziegenhirten und Kalkköhler waren durch das Unterholz unpassierbar geworden, so dass ich im wahrsten Sinne des Wortes über Stock und Stein stieg. – Man muss wissen, dass im März die Natur auf Mallorca explodiert. Zwischen den Mastix- und Ginstersträuchern blühten wilde Gladiolen, Lilien und Orchideen, es roch wirklich betörend nach Lavendel, Rosmarin und Harz. Ich sah Kalköfen und verlassene Unterstände, nur Nit sah ich nicht, und als die Dunkelheit einbrach, blieb mir nichts anderes übrig, als wieder hinunterzulaufen. Als ich unten ankam, stand sie auf dem Reitplatz, graste und wieherte kurz, als sie mich sah. Da sie bis auf ein paar oberflächliche Schnittwunden an den Fesseln unverletzt war, brachte ich sie erleichtert in ihre Box, beträufelte die Wunden mit Jod und ging glücklich in mein Apartment.

Nit hatte mich also in den Wald geführt, und nun war es Nacht. Ich war zwar müde, aber von den Aromen und Eindrücken aufgewühlt, so dass ich mich auf die Terrasse setzte. Das hatte ich bei Dunkelheit noch nie getan, denn vorsichtig, wie man als Stadtfrau nun einmal ist, hatte ich die Vorstellung, dass man dort, wo Licht ist, aus dem Dunkel gesehen werden kann. Das einzige Licht hier brannte in meinem Zimmer. Doch ich musste in dieser Nacht einfach draußen sitzen. Es war fast Vollmond, der Himmel nahezu wolkenlos. Die Glocken der Schafe untermalten die Stille, die in der Natur nie stumm ist, sondern ein herrliches Konzert. Über dem Klangteppich der Schafherde tönte ab und zu recht behäbig eine tiefer klingende Glocke, sie schien von einem einzigen Tier getragen zu werden, vielleicht vom Leithammel. Fernes Hundegebell kündete von Höfen, dann riefen ein Kauz und auch eine Eule. Als der Mond hinter einer seichten Wolke hervorkam, zog ein Windzug durch das Schilfgras, es rauschte, und das Licht war plötzlich so hell, dass man lesen hätte können, was ich nicht tat, sondern ich schrieb und sah, dass die Tinte leuchtete.

Mein Weg zurück in die Zivilisation führte über Ana, die Baronin. Catalina kannte sie entfernt, das heißt, sie kannte jemanden, der sie gut kannte, und wusste von eben dieser Freundin, die eine Musikerin war, dass die Baronin Wohnungen vermietete, aber nur an Künstler, und zwar an solche, die nicht viel Geld hatten.

Die Baronin erwartete mich an einem Donnerstagabend um acht Uhr in der „Posada, El rincón de los artistas", was man als das „Gasthaus zur Künstlerecke" übersetzen könnte. Dieses befand sich ebenso wie die Wohnungen der Baronin in El Terreno, einem eingemeindeten Vorstadtort im Westen Palmas, der auf den Hügeln zwischen dem Bellver-Wald mit gleichnamiger Burg und dem Meer liegt.[1]

Die Geschichte des Barrio hat sowohl dunkle Seiten als auch sehr lichte. Im 17. Jahrhundert wurden hier die Scheiterhaufen errichtet, auf denen man, nach einem misslungenen Fluchtversuch, die *xuetes* verbrannte, jüdische Mallorquiner.[2] Unter den Augen von tausenden Mallorquinern, die vom Bellver-Hügel in einer Art Volksfest das grausame Schauspiel beobachteten. Die Vorkommnisse wurden zur Vorlage für Carme Rieras Roman „Ins fernste Blau".[3]

Als 1835 ein Erdbeben Palma erschütterte, flüchteten die Bewohner nach Terreno, das damals noch Jagdgebiet war, verharrten dort in behelfsmäßigen Unterkünften, bis die Erde sich wieder beruhigt hatte. Dreißig Jahre später war es die Cholera, die Palmas Bewohner abermals nach Terreno trieb. Hier errichtete man ein Lager für die Gesunden. In der kleinen Kirche huldigt man bis heute der Mare de Déu de la Salut, der Mutter Gottes der Gesundheit, in Form einer gotischen Marienfigur. Nach der Quarantäne kehrte abermals

Ruhe in den Vorstadtort ein, bis Ende des 19. Jahrhunderts die Bourgeoisie die Mode pflegte, eine Sommerresidenz im meernahen El Terreno zu besitzen. Wenig später eröffneten hier das Hotel Victoria und das Mediterráneo ihre Pforten, genau an der Plaça Gomila, wo zweihundert Jahre zuvor die Scheiterhaufen gebrannt hatten. International vertriebene Broschüren schwärmten von dem malerischen Hügel, nur eine Kutschenstunde von Palma entfernt. Nun kamen neben den reichen Mallorquinern auch Künstler und die ersten ausländischen Gäste. Der spanische Nobelpreisträger Camilo José Cela lebte hier ebenso wie Gertrude Stein, George Bernhard Shaw und Rubén Darío. Nach dem Zweiten Weltkrieg wurde Terreno ein beliebtes Ziel für Pauschaltouristen. Bars und Diskotheken eröffneten, darunter der berühmte Nachtclub Tito's, in dem sich Stars der Film- und Musikwelt amüsierten, Grace Kelly etwa, Yoko Ono, Elizabeth Taylor und Erol Flynn.

Als ich Catalina nach der Adresse der Bar gefragt hatte, wo ich die Baronin treffen sollte, bekam ich die übliche vage Beschreibung. Der Mallorquiner kennt kaum mehr Straßennamen als seine eigene Adresse, er orientiert sich an Orten. „Das ist an der Plaça Gomila", sagte sie. „Ganz einfach, du nimmst die schmale Straße, die nach oben zum Park Bellver führt, gegenüber vom Colegio alemán."

Als ich an der Plaça Gomila ankam, einem dreieckigen Platz mit heruntergekommenen Häusern, einer Bushaltestelle und fragwürdigen Reklameschildern, wechselte das Licht gerade von Gold zu Diamant. Auf Mallorca geht das von einem Moment zum anderen, als würde plötzlich ein Schleier vor die Sonne gezogen. Es herrschte dichter Verkehr, und Parken war unmöglich, also fuhr ich die Joan Miró weiter, das ist die zweispurige, immer verstopfte Straße, die Palma mit Terreno verbindet. „Nach oben" konnte ich erst mehrere hundert Meter später einbiegen, in eine enge, steil ansteigende Gasse, die direkt zur Kirche führte, dann musste ich mehrmals abbiegen, denn die Straßen sind schnurgerade, steil, sehr schmal und Einbahnstraßen. Irgendwann hatte ich halb auf dem Gehsteig zwischen Mülltonnen und Eingangstoren eine Lücke zum Parken gefunden. Ich suchte den Namen der Straße zunächst an einer Häuserwand, Carrer Robert Graves, und dann im *callejero*, einem buchartigen Straßenverzeichnis, ohne das ich mich in Palma nicht mehr bewegte. Ich markierte den Ort, wo ich geparkt hatte, und ging bergab, bis ich wieder auf die Joan Miró traf. Die Joan Miró ist eine ergraute Straße. Zweistöckige Häuser mit heruntergelassenen Fensterläden wechseln mit Neubauten, die zurückgesetzt sind und Blenden vor den Fenstern haben, billige Hotels stehen neben Nachtclubs, einige von ihnen verlassen, eine Altersresidenz im Stil des Siebzigerjahre-Plattenbaus neben verfallenen Villen, schmuddelige Bars, ein Chinaimbiss und Menschen, die mit müden Gesichtern an den Bushaltestellen standen oder mit vollen Einkaufstüten den schmalen Bürgersteig entlangliefen. Wie Zinken von einem Kamm zweigen von der Joan Miró die Straßen ab. Diejenige, die von der Plaça Gomila zum Hügel hinaufführte, hieß Bellver, und ohne nach einem Colegio alemán fragen zu müssen, fand ich die Posada. Eine mit Kreide beschriebene Tafel kündete von Falafel, tés (schwarzer Tee), infusiones (Kräutertees) und cafés. Ich ging weiter hoch, um mir die verbleibende Zeit zu vertreiben, und bog in eine Gasse namens Josep Villalonga ein. Der Kontrast zur Joan Miró konnte größer kaum sein. Es roch nach Jasmin und verbranntem Holz, Vögel flatterten durch die Dämmerung, setzten sich auf Leitungen, die sich an erhabenen Wohnhäusern mit hohen Fenstern und Türen entlangzogen. Hinter manchen Mauern verbarg sich ein wilder Garten mit Rosen- und Jasminsträuchern, dichten Laubengängen und Kakteen, dahinter verwunschene Villen mit reich verzierten Aussichtstürmchen. Zwischen den Häuserreihen gab es schnurgerade Wege, die einst direkt zum Meer geführt haben mussten.

„Mari?", fragte mich die Frau, die am Tresen saß, als ich in die Posada eintrat. Das also war Ana, die Baronin. Sie trug eine kleine, rahmenlose Brille, gebleichte Jeans und einen Pullover, der über ihre schmalen Schultern hing. Ihr Gesicht hatte die Farbe von gelbem Wachs. Sie musterte mich in einer unaufdringlichen Art. Ihr Mund zuckte in seinen Winkeln. Ein schwarzer Labrador schnüffelte an meinen Beinen. Ich überlegte, wie die Freundin von Catalina hieß, die den Kontakt zur Baronin hergestellt hatte. Es fiel mir nicht ein.

„Du brauchst also eine Wohnung?".

Ich nickte und schaute mich in der Bar um. Hinter dem Tresen polierte ein Mann rauchend Gläser. Er beobachtete uns. Es standen Tische für etwa fünfzig Gäste in dem wirklich eigenartigsten Etablissement, das ich je gesehen hatte. Mein Blick irrte wie auf der Straßenkarte eines unbekannten Landes. Es gab einen Schrank, in den Zeitschriften und Bücher gestopft waren, ein Radio aus den Fünfzigern, viele kleine Spiegel, vergilbte Filmplakate, goldgerahmte kitschige Stillleben und zwei rote Halbkreise aus grobem Stoff, auf denen Zettel befestigt waren, mit handgeschriebenen Sprüchen. Ich las „El tiempo – no existe – Die Zeit – existiert nicht". Und über dem Radio: „Silencio – Ruhe." An der Decke waren kleine Wimpel an Leinen gespannt.

„Das trifft sich gut", sagte die Baronin und steckte sich eine Ducados an.[4] Sie zog tief, lächelte und hustete.

„Ein Maler, der viele Jahre bei mir wohnte, ist gerade ausgezogen. Adela erzählte, du seiest Schriftstellerin und in finanziellen Nöten. Was hast du publiziert?"

„Ah – una poeta", sagte der Mann hinter dem Tresen mit der singenden Aussprache der Palma-Bewohner. Er sah aus wie ein in die Jahre gekommener Hippie und fragte mich, ob ich etwas trinken wolle.

„Einen Rotwein", sagte ich. Und zur Baronin: „Nicht ganz, ich schreibe vor allem in Zeitungen."

„Wie Jaime", kommentierte sie. „Den Wein kannst du später trinken, lass uns gehen. Nachher singt Adela, das willst du doch sicher nicht verpassen?"

Der Mann hinter dem Tresen blinzelte vom Rauch der Zigarette, die in seinem Mundwinkel wippte, er zuckte mit den Schultern und stellte die Flasche, die er gerade öffnen wollte, wieder beiseite.

Die Villalonga war in gelbes Laternenlicht getaucht, Katzen huschten über Mauern, Hunde bellten, es roch nach verbranntem Holz und süßlichem Jasmin. Wie die Farben auf einem Aquarell verflossen hier verschiedene Zeitepochen. Am Ende der Straße, die sich bestimmt über einen Kilometer zog, bogen wir rechts in die Polverín ein. „Eine der ältesten Straßen von Terreno", brach die Baronin unser Schweigen.

Wir stolperten über uneben verlegte, glänzende Pflastersteine. Schienen lugten dazwischen hervor, ihr Abstand schmal wie für Wagons, die noch mit Manneskraft gezogen wurden.

Das freie Apartment befand sich im Turm, den wir über fünf steile Treppen erreichten. Atemlos betraten wir ein Wohnzimmer, das mit einer Ottomane, einem Tisch und zwei alten geflochtenen Korbstühlen möbliert war. Hinter einer weiß getünchten hüfthohen Mauer befand sich die Küche. Auf der einen Seite ging es in eine fensterlose Schlafnische und von dort in das kleine Badezimmer. Vor der Fensterfront war eine Terrasse, die mit geschätzten zwanzig Quadratmetern größer als das Wohnzimmer war. Von hier sah man über die eng verschachtelten Häuser, Höfe und Gassen von Terreno bis zu den Silhouetten der Hochhäuser des Paseo Marítimo, dahinter blinkten die Lichter des Hafens. Hinter dem Haus befand sich direkt der dichte Bellver-Wald.

„Gefällt es dir?", fragte mich die Baronin.

„Sehr sogar, das ist ein richtiges Nest."

„Es ist mein Lieblingsapartment. Ich habe hier selbst gelebt, als ich so jung war wie du." Sie seufzte und hustete.

„Hast du eine Katze?"

„Nein, wieso?"

„Das würde zu dir passen. Katzen sind erlaubt, Hunde nicht." Sie streichelte das Fell ihres Labradors, der sich neben sie gesetzt hatte und mit der Rute auf den mit Ornamenten verzierten, gefliesten Boden peitschte.

„Was soll es denn kosten?"

„Oh, der Preis", sie steckte sich eine Zigarette an, hustete wieder. „Eigentlich ist es unbezahlbar."

„Das dachte ich mir", sagte ich leise. Ich hatte schon befürchtet, dass für mich der Künstlernachlass nicht gelten, sondern sie einen Zuschlag für Deutsche fordern würde. Viele Mallorquiner dachten, allein die Tatsache, dass man einen bundesdeutschen Pass besaß, bedeutete, dass man über einen gefüllten Geldbeutel verfügte. Die Wirtschaftswundergeneration der Bundesrepublik hatte ihr Geld hier angelegt. Nur, was hatte ich damit zu tun? Meine Eltern besaßen kein Apartment auf Mallorca und würden es sich auch nicht leisten können, ihren Ruhestand hier zu verbringen.

Sie ging auf die Terrasse, kam wieder zurück, öffnete alle Türen, als wollte sie sich vergewissern, wie es in den Räumen aussah. Dann ließ sie sich auf einen aus Stroh geflochtenen Stuhl fallen.

„Du weißt, dass ich einer Familientradition verpflichtet bin? Adela hat dir sicher erzählt."

„Ich kenne Adela ...", ich biss mir auf die Zunge und behalf mir mit einem vagen Kopfschütteln.

„Mein Vater war sehr vermögend, einer der wenigen Industriellen auf der Insel. Aber wir haben uns im Gegensatz zu den meisten anderen großen Familien nie an Spekulationen beteiligt. Ich persönlich fühle mich den Künsten verpflichtet, ich schreibe selbst, übersetze. Und ich unterstütze junge Künstler, die bisher nicht so viel Glück hatten. Der Maler, der hier wohnte, hat ein Stipendium für die USA bekommen. Einige, heute durchaus bekannte, erfolgreiche Kreative haben bei mir begonnen."

Ein Hustenanfall unterbrach sie.

„Was verdienst du?"

„Im Moment verdiene ich gar nichts", antwortete ich und erzählte ihr, wie ich mit dem Versprechen auf Arbeit, Wohnung und meinen vagen Vorstellungen von einem Neuanfang auf die Insel gekommen war. Und dass ich nun, nach einem knappen halben Jahr, vor dem Nichts stand. Ich hatte weder eine Wohnung noch ein festes Einkommen, konnte aber auch nicht zurück. Ich könnte mich mit Deutschunterricht über Wasser halten, sagte ich. Auf eine Anzeige, die Catalina für mich an der Tourismus-Schule angebracht hatte, hatten sich schon zwei Schüler gemeldet, und als freie Journalistin sollte ich auch die eine oder andere Reportage absetzen können.

„Ich hoffe, dass ich tausend Euro im Monat zur Verfügung habe."

Sie holte eine weitere Zigarette aus der blau-weißen Ducado-Schachtel, entzündete sie und legte sie in den Aschenbecher. Es vergingen Minuten, in denen ich mir nicht sicher war, ob ich ihre Gunst erlangt hatte.

„Sagen wir 380 Euro, aber du zahlst die *comunidad*[5], das sind noch mal hundert Euro alle zwei Monate, dazu eine

Monatsmiete Kaution. Und ab sofort, also am Montag, haben wir Mitte des Monats, eine halbe Miete und die Kaution. Geht das?"

Das musste gehen. Begeistert schlug ich ein.

Ich begleitete die Baronin nach Hause und hatte das Gefühl, dass sie gelöster war als auf dem Hinweg. Nicht, dass sie plötzlich gesprächig geworden wäre, aber ihr Gang hatte etwas Beschwingtes, fast Fröhliches. Sie ließ den Hund von der Leine und rief ihn mit heller Stimme „Cana!", sobald er aus ihrem Blickwinkel verschwunden war. Sie wohnte wenige Straßen weiter in einem typisch mallorquinischen Stadthaus, das vorne schmal ist, nach hinten lang und vom Eingang in gerader Achse auf einen Innenhof führt. Sie wolle sich kurz zurecht machen, sagte sie, während ich in einem Sessel vor dem Kamin wartete und die Kunstwerke betrachtete, die an den Wänden bis unter die Balken hingen: Portraits, Aktbilder, Landschaften, die, anders als im Hause der Witwe Alordes, von Kunstverständnis zeugten. Um einen Tisch herum standen mehrere Stühle, so als hätten sich soeben Menschen von einer Versammlung erhoben. Es gab eine Truhe, eine alte Kommode, auf der Papiere gestapelt waren, auf dem Fußboden lagen Zeitungen. Wenig später hatte sie den Pullover gegen ein Hemd getauscht und die Jeans gegen eine karamellfarbene Bügelfaltenhose.

Die Posada hatte sich bis auf den letzten Tisch mit Gästen gefüllt. Die Baronin begrüßte viele von ihnen mit zwei Küsschen und kurzen Fragen nach dem Wohlergehen, danach stellte sie mich mit einer ausholenden Geste vor: „Das ist Mari, eine Freundin aus Berlin, Schriftstellerin, sie wohnt jetzt bei mir", worauf ich anerkennende Blicke erntete, die mir unangenehm waren, denn ich fand, dass ich weder das Wort *Schriftstellerin* verdient hatte noch *Freundin*. Aber ich sollte bald lernen, dass man in Spanien immer das ist, was man sein möchte, und dass man, wenn man einen Freund hat, viele hat.

Nach etwa einer halben Stunde, in der ich bestimmt zwanzig Leuten vorgestellt worden war, trat eine junge Frau mit einem ernsten Gesicht auf die Bühne. Ihr dunkelblondes gelocktes Haar hatte sie mit einer Kunstrose hochgesteckt. Ein Strickkleid fiel lose über den hageren Körper, an ihren schmalen, trainierten Beinen, wie Tänzerinnen sie haben, trug sie Netzstrumpfhosen. Ihr Gesicht war ebenmäßig, schön und streng, sie strahlte zugleich Stärke und Zerbrechlichkeit aus. Als sie am Klavier ein paar Töne anschlug, verstummten die Gespräche, nur das Klirren von Gläsern und Bestecken unterbrach die gespannte Aufmerksamkeit. Dann riefen zwei Frauen „Adela, venga a cantar – komm, sing!", während ein Mann mit „te queremos guapa – wir lieben dich, Hübsche!" einfiel.

Sie parierte die Zurufe mit einem strengen Lächeln.

Dann sagte sie mit tiefer Stimme: „Ich stelle euch heute mein neues Programm vor, Lieder, die ich im fahlen Licht der Wintermonde komponierte, mit dem Geschmack nach Salz auf den Lippen."

Ihre kräftige Stimme hob an, eroberte langsam wie eine heranrollende Welle den Raum, bis sie sich überschlug und sprudelte. Sie verfügte über ein unglaubliches Stimmvolumen und eine Ausdrucksbreite, mit der sie spielte wie ein Jongleur. Sie warf, fing ein, holte aus, drehte. Ihre Stimme war schwarz wie Tinte, rot wie Blut und weiß wie Schnee. Ich war gebannt, fasziniert und sehr ergriffen.

Sie sang eine Mischung aus spanischen Coplas, Balladen und Flamenco.[6] Ich fühlte mich wie ein Floß auf Wellen, das manchmal untertauchte und dann wieder oben war. Ich sah mich als Stein auf sandigen Grund sinken, dachte an eine Taxifahrt durch das verregnete Berlin, an Laub, das über die Straßen wehte, hörte die Schritte einer Frau auf dem Asphalt. Ich erinnerte mich an das Gefühl des Triumphs, als ich von Huberts Büro aus die Kathedrale und den Almudaina-Palast sah, erlebte noch einmal die durchwachten Nächte der Verzweiflung, sah mich durch Palmas Straßen laufen, dachte an Georg, der vielleicht wieder in die Stadt gegangen war, die nur wenige Seemeilen südlich von hier lag.

Ihre Texte handelten von Sehnsucht und Abschied, Wut und Trauer und von einem kristallklaren, gleichgültigen Himmel.

Ich hatte zwei Gläser Wein getrunken und bestellte, in Gedanken an die Dreiviertelstunde Autofahrt, die noch vor mir lag, „un agua con gas" (Selters).

Adela machte eine Pause, die andere Musiker nutzten, um auf die Bühne zu gehen. Ich wollte mich für den Kontakt zur Baronin bedanken und ihr sagen, wie tief mich die Musik berührt hatte. Ich wartete auf eine Gelegenheit. An jedem Tisch hielt man sie auf, sie wurde umarmt, geküsst, volle Gläser wurden ihr gereicht. Und dann ging die Tür auf. Ich brauchte einen Moment, bis ich verstand. Es war José vom Sant Sebastian Fest.

Er schaute sich um, grüßte schulterklopfend einen älteren Mann, der neben mir am Tresen saß und in einen Block Zeichnungen machte, dann berührte er flüchtig meinen Arm, bestellte sich etwas zu trinken und eine Schachtel Camel ohne Filter.

„Schön, dich zu sehen", sagte er kurz und riss ungeduldig das Päckchen auf wie jemand, der gerade eben den Vorsatz, mit dem Rauchen aufzuhören, verworfen hatte.

„Ich habe mir gerade eine Wohnung angeschaut von Ana", sagte ich.

„Ach Ana?", José schaute sich suchend um. „Die Baronin? Sie vermietet wieder?"

„Ja, es ist gerade eine frei geworden, hinten am Bellver-Park.

„Die Residenz der Amerikaner?"

„Weiß ich nicht, ob das so heißt."

„Die einen bekommen mit der Geburt Güter, die anderen Laster. Stimmt's, Toni?", sagte er zu dem Mann, der unablässig zeichnete. „Hombre", antwortete dieser, dabei lächelte er mich an. Toni hatte das Gesicht eines Menschen, der nicht müde wurde, das Leben zu genießen: tiefe Lachfalten um Mund und Augen, gerötete Wangen und einen vergnügten Blick. Er war etwa sechzig, trug Hosenträger, hatte kräftiges graues Haar und eine Frau neben sich, die mindestens zwanzig Jahre jünger war als er und amüsiert die Konversation betrachtete. „Conchi und Toni mis vecinos", stellte José seine Nachbarn vor.

„Mari, una amiga de Lola, sabes la andaluza – eine Freundin von Lola, der Andalusierin."

Toni sprang von dem Barhocker, verbeugte sich und gab mir einen angedeuteten Handkuss. Dann kam Adela zu uns, während eine andere Frau, die eindeutig zu viel getrunken hatte, José in Beschlag nahm. In der Zwischenzeit war die Köchin auf die Bühne getreten, sie hatte die Schürze abgelegt, griff sich ins Haar und begann mit portugiesischem Akzent einen Bolero zu singen, ein Mann mit rundem Gesicht und verzücktem Blick begleitete sie auf der Gitarre, viele Gäste hatten sich im Halbkreis drumherum gestellt, klatschten im Rhythmus, einzelne begannen zu tanzen.

„Ich wollte dich anrufen, aber ...", sagte José zu mir, „na ja, ich hatte viel zu tun, und ehrlich, in der Nacht war ich sehr betrunken. Aber jetzt, wo wir Nachbarn sind, sehen wir uns bestimmt öfter."

Ende März war ich im Turm. Die Tage waren wie Minze, saftig grün und erfrischend. Ich ging viel spazieren und studierte den Horizont, genau die Linie, wo die Schiffe von Marseille nach Algier fuhren. Morgens gab es oft Nebel, er kam immer von Osten, zog sich dann landeinwärts bis zu den Hügeln. Manchmal war er so dicht, dass einem der Atem stockte. Abends betrachtete ich die Dämmerung, sie kam plötzlich, als würde jemand das Licht ausschalten, der Horizont färbte sich orange, manchmal violett, das Meer war in der Nacht fast schwarz, dunkler jedenfalls als der Himmel.

Ich hatte zwei große Reportagen in Auftrag und begann etwas lustlos zu recherchieren. Eine sollte ich über die deutschen Ruheständler auf Mallorca schreiben, eine andere über obdachlose Deutsche, die in Can Pastilla lebten. Sie musste ich erst finden, eine Aufgabe, die ich jeden Tag vor mir herschob. Ab und zu traf ich mich mit Lola, wir tranken in der Posada etliche Liter Wein, hörten ein weiteres Konzert von Adela und einmal einen Flamencosänger, den ich in Palma schon auf der Straße hatte spielen sehen. Die Posada war ein Ort der Lebenshilfe. Die Köchin, eine mittellose brasilianische Sängerin, die Putzfrau, eine kolumbianische Malerin. Julian, der Besitzer der Bar, gab denen Arbeit, die Geld brauchten, sie alle waren Künstler. Die Musiker, die auftraten, bekamen statt eines Honorars Essen und Getränke. Die Gäste zahlten nach Einkommenslage, gut verdienende mehr, andere dagegen konnten anschreiben. Fremde zahlten grundsätzlich ein Extra.

Das Licht, das Spiel der Farben, meine Aussicht vom Turm, der Barrio mit seinen vielen Geschichten, von deren Existenz ich eine Ahnung bekam, führten mich in einen Sinnenrausch, der mir die Worte verschlug. Plötzlich hatte ich das Bedürfnis zu malen, kaufte Farben, Papier, Terpentin und

Pinsel und versuchte den Zauber, dem ich erlegen war, aufs Papier zu bannen. So verbrachte ich eine schöne, nicht gestundete Ewigkeit von irgendwie zwei Wochen. Bis eines Tages ein Sturm meinen Turm schüttelte. Er pfiff und kreischte, riss an dem Strohdach, fegte die Stühle über die Terrasse, zerschlug einen Tontopf, knickte Äste, Bäume, peitschte gegen meine Fenster, dass ich dachte, sie würden zerbrechen. Der Wald heulte, und das Meer glich einem spuckenden Ungeheuer. In dieser Nacht konnte ich weder schlafen noch malen. Mir fiel ein, dass ich wochenlang nicht auf mein Konto geschaut hatte und nicht wusste, ob Hubert das noch ausstehende halbe Gehalt von Dezember und das ganze von Januar bezahlt hatte, und demzufolge hatte ich überhaupt keine Ahnung, ob ich noch ein wenig weiter sorglos malen konnte oder das Wasser mir bereits über das Kinn schwappte.

Anmerkungen zum März

[1] Die Burg Bellver, spanisch: Castell de Bellver, ist neben der Kathedrale das zweite Siegessymbol der Christen über die muslimische Herrschaft. Erbaut 1300–1309 auf einem 113 Meter hohen, bewaldeten Hügel, ist es in seiner kreisrunden Form in Spanien einzigartig. In den darauffolgenden Jahrhunderten diente sie als Gefängnis. Einer ihrer prominentesten Gefangenen war Gaspar Melchor de Jovellanos (1744–1811), der einflussreichste Vertreter der Aufklärung in Spanien. Die Inquisition nutzte das Bellver als Gefängnis ebenso wie die Franquisten.

[2] Xuetes ist eine abfällige Bezeichnung für die in Zeiten der Inquisition zwangskonvertierten Juden, die allerdings bis heute für deren Nachkommen verwendet wird.

[3] Carme Riera „Ins fernste Blau", 2000 in deutscher Übersetzung, die katalanische Ausgabe, „Dins el darrer blau", erschien 1994.

[4] Zigaretten aus schwarzem Tabak, in Spanien besonders unter der Generation der „movida" sehr verbreitet.

[5] Comunidad bezeichnet die Nebenkosten, das können die Müllabfuhr sein, die Straßenreinigung, Grundstückssteuern, manchmal schließt es auch das Wasser mit ein. Im Einzelfall muss man das erfragen.

[6] Coplas sind traditionelle spanische Volkslieder, die Musikern als Grundlage eigener Kompositionen dienen.

April

EIN BESUCH BEI DER BANK gab mir Gewissheit: Hubert hatte nicht gezahlt. Ich war mehr als blank, hatte Schulden bei der Telefongesellschaft. Zehn Tage Galgenfrist, dann musste ich 160 Euro für das Handy und den Internetanschluss überweisen, sonst könnte ich in zwei Wochen weder telefonieren noch arbeiten.

Noch hatte ich etwas Bargeld und immerhin drei Schüler, die genau zehn Stunden pro Woche bei mir Unterricht nahmen, das bedeutete 150 Euro pro Woche. Im Angesicht der finanziellen Katastrophe eilte ich durch die Straßen, so dass ich, als ich von der Olmos kommend die Rambla überquerte, um weiter in die Caputxinos einzubiegen, beinahe einem Auto vor die Räder gelaufen wäre. Dabei war es einer jener seidigen Tage, in denen die schiefergrauen, rostbraunen und sandfarbenen Gassen in Palma schimmern, dass man in ihnen verweilen möchte, um ihre Geschichten zu lesen. Mit dem Bargeld, das ich noch in meiner Tasche hatte, blieben mir knappe fünfzig Euro für etwa zehn Tage. Augenblicklich bekam ich Hunger und bemerkte die aus den Restaurants und Küchen steigenden Düfte nach gebratenem Knoblauch, Fisch und ausgelassenem Karamell, mit dem die Mallorquiner ihre *creme cata-lana* überziehen. Doch ich ließ Restaurants, Mauern und angelehnte Fensterläden der jahrhundertealten Häuser liegen und tauchte durch einen Bogen auf die belebte Plaça Reina, dort, wo die Jaime III auf den Borne trifft und Palmas historische Altstadt scheitelt. Links lag das Café Bosch und rechts das Solleric, beides Institutionen des Pausierens und Parlierens, was unter Einheimischen ebenso verbreitet ist wie unter den Inselbesuchern. Nur dass es Erstgenannte wesentlich eleganter beherrschen. Das Bosch ist hundertfünfzig Jahre alt und mehr das, was man sich unter einem klassischen spanischen Café vorstellt: laut, mit einem langen Tresen, kleinen, eng stehenden Holztischen, zischenden Kaffeemaschinen und Kellnern, die aussehen, als wären sie einem Theaterstück von Frederico Garcia Lorca[1] entsprungen. Deshalb ist es tagsüber von Touristen okkupiert. Ich ging ins Solleric.

Im Casal Solleric, wie der sanierte Stadtpalast heißt, gibt es wechselnde Ausstellungen und Veranstaltungen, einen teuren Buchladen und eben das Café. Im Laufe eines Tages kehren hier alle gesellschaftlichen Schichten Palmas ein, vormittags mallorquinische Banker, Immobilienverkäufer und andere Geschäftsleute, nachmittags besteht das Publikum aus den vielen namenlosen Literaten, Malern und Überlebenskünstlern, die die Insel anzieht wie Motten das Licht, gemischt mit Jugendlichen und Frauen, die eine Shoppingpause einlegen. Nachts turtelt manch frisch liiertes Pärchen, während braungebrannte ausländische Damen ihre Einsamkeit in einem Gin Tonic am Tresen ertränken.

Es war 14.30 Uhr, *hora de la comida*, Essenszeit und deshalb relativ leer. Ich wählte einen Platz in der hintersten Ecke, dort, wo eine Treppe zu den Toiletten führt. Der Kellner stellte mir eine Schale Erdnüsse auf den Tisch, ich bestellte eine *caña*, ein kleines gezapftes Bier. Die Spanier nennen das um diese Zeit *tomar un aperitivo*, einen Aperitif nehmen, was zu den Dingen gehörte, die ich eigentlich nicht in mein Alltagsgebaren aufnehmen wollte, pflegte mich doch beim Genuss von Alkohol am Tage eine bleierne Müdigkeit zu überkommen. Doch es war nicht das erste Prinzip, das ich abschüttelte wie Staub von einer Jacke.

Wollte ich meine Rechnungen bezahlen, blieben mir fürs

Leben bestenfalls fünfzig Euro für die kommenden zehn Tage, sofern kein Schüler ausfiel. Ich nahm einen kräftigen Schluck vom kühlen Bier und rief Kathrin an.

„Mensch, dass ich von dir was höre."

Ich fragte sie, ob sie wisse, wo ich Hubert auftreiben könne.

„Aber Mädel, dem geht's gar nicht gut, kannst du dir doch vorstellen, was willst du denn von ihm?"

„Mir geht's auch nicht gut", sagte ich kurz. „Hast du noch eine andere Telefonnummer von ihm, ich erreiche ihn unter der, die ich habe, seit Wochen nicht."

„Nein, aber ... was ist denn los?"

„Was soll sein? Ich warte auf mein Geld."

„Auf dein Geld, wie geht das denn? Das muss ein Irrtum sein. Frag doch mal bei deiner Bank nach, die verbuchen sich auch manchmal. Hubert ist bei solchen Dingen sehr korrekt."

„Eben nicht. Hast du nun eine andere Nummer von ihm?"

Hatte sie nicht. Ich verabschiedete mich schnell und rief Jürgen an, der ähnlich reagierte.

Sollte ich die Einzige sein, die um ihr Geld geprellt worden war?

Ich nahm noch zwei kräftige Schlucke vom kühlen Bier. Ein Mann mit einem Dreitagebart und fiebrigen Augen ließ sich am Nebentisch nieder.

„Schön, dass du anrufst, wie geht es dir?", sagte Jochen unerwartet freundlich. Ich erzählte ihm mein Problem, worauf er sagte, dass Hubert sich über alle Berge davongemacht habe. „So etwas passiert auf Mallorca alle Nase lang. Die Leute kommen mit etwas Geld, wollen ein neues Leben beginnen, manche haben schon in der Heimat Schulden, andere wollen einfach etwas probieren, manche bauen sich eine komplett neue Identität auf, alles schon erlebt. Und dann geht es schief, weil es hier eben nicht einfacher ist als in Deutschland, das hast du ja auch schon gemerkt ..."

Ich nickte und starrte, ohne es zu merken, den Mann mit dem Dreitagebart an. Er erwiderte meinen Blick mit einem kurzen Lächeln und vertiefte sich dann in eine aufgeschlagene Zeitung.

„Sie verschwinden so unvermittelt, wie sie aufgetaucht sind, hinterlassen eine Spur von Schulden und viele verärgerte Leute."

Bei Jochen hörte ich im Hintergrund Geschirr klappern. Ich stellte mir vor, wie er in einem Schaukelstuhl saß in einem mallorquinischen Landhaus, Pantoffeln an den Füßen und eine Jogginghose, während seine mallorquinische Frau den Mittagstisch deckte. Wahrscheinlich war er gar nicht der Muffel, für den ich ihn gehalten hatte, sondern ein freundlicher Familienvater, der einfach nur die sich anbahnenden Tragödien der vielen Neuankömmlinge kritisch beäugte.

Er habe so etwas schon geahnt, plauderte er weiter.

„Deshalb habe ich schnell meinen Urlaub genommen. Und du, was machst du jetzt?", fragte mich Jochen.

„Keine Ahnung."

Der Mann vom Nebentisch starrte mich neugierig an.

„Ich habe bei der Mallorca-Zeitung als Redakteur angefangen", sagte er. „Aber die haben im Moment keine weitere vakante Stelle mehr frei, Jürgen hat mich auch schon gefragt. Das Einzige, was ich für dich tun kann...", er schien einen Gedanken zu erwägen. „Ich könnte dich als Freie empfehlen, aber die Bezahlung ist miserabel. Mein persönlicher Tipp", fügte er hinzu: „Geh nach Berlin zurück. Noch dürfte es bei dir ja nicht zu spät sein."

Wir beendeten das Gespräch mit dem Versprechen, dass ich ihn auf dem Laufenden halten würde. Ich solle Hubert anzeigen, hatte er noch hinzugefügt, beim Arbeitsgericht.

Beim Arbeitsgericht? Wo nur würde ich das finden?

Ich legte zwei Euro auf den Tisch und nahm meinen Rucksack.

„Perdona", sagte der Mann vom Nebentisch. „Ich kenne dich. Erinnerst du dich?"

Ich kannte ihn nicht.

„Darf ich dich auf einen Kaffee einladen oder ein Bier?"

„Ein anderes Mal vielleicht, ich habe jetzt wirklich keine Zeit", log ich und ging.

Die nächsten zwei Stunden verbrachte ich mit einem preiswerten Einkauf von Gemüse, Obst und Brot in der Markthalle Santa Catalina. Dann setzte ich mich voll bepackt in den Bus der Linie 3, die sich von Palma-Zentrum über Terreno nach Genova durch jene Joan Miró kämpft und zu jeder Tageszeit einem Bienenkorb gleicht. Zu Hause entwarf ich Anzeigen für Deutschunterricht und brachte sie später an die Balearen-Universität. Auch hier musste man zumindest im Tourismus-Studium Deutsch lernen.

Der Unterricht brachte eine neue Dimension in mein Leben. Bei jedem Schüler musste ich Hindernisse beiseiteschaffen. Xisca aus Felanitx studierte in Palma Tourismus. Als sie das erste Mal mit ihren dünnen Beinen, die in gestreiften Leggings und Halbstiefeln steckten, in den Turm hochgestiegen kam und sich erschöpft, wie es nur Zwanzigjährige zeigen zu sein, auf den Baststuhl fallen ließ, war es bereits eine halbe Stunde nach unserer Verabredungszeit. Doch sie schaute mich an, als hätte sie mit mir eine Rechnung zu begleichen.

„Darf ich?", fragte sie und steckte sich, ohne eine Antwort abzuwarten, eine Zigarette in den lässig lächelnden Mund. Dann zupfte sie an ihrem großmaschigen Minirock, der von Catalinas Kleiderstange hätte stammen können.

Kommentarlos stellte ich ihr einen Aschenbecher hin.

„Damit das gleich klar ist", sagte sie und schüttelte ihre braune Mähne, bis die Haare ihr blasses Gesicht halb bedeckten: „Ich will das hier nicht. Ich muss. Deutsch ist einfach scheiße, total unmusikalisch."

Ich war sprachlos.

„Es gibt zwei Möglichkeiten: Plan A heißt in acht Wochen mit dir drei Jahre Deutschunterricht nachholen. Plan B ist – wenn du meinst, das geht nicht –: ich schmeiße alles hin und haue ab."

„Und das hängt jetzt von mir ab?"

„Sozusagen."

Xisca studierte an einer Privatschule Tourismus, Deutsch war darin nun einmal Pflichtfach, und wenn sie das dritte Mal durch die Prüfung fallen würde, müsste sie ohne Abschluss das Institut verlassen. Eine Katastrophe für die Eltern, die sich die Studiengebühren vom Mund abgespart hatten. Xisca hatte fünf weitere Geschwister. Eines war schwerbehindert, musste rund um die Uhr betreut werden. Sie, die Älteste, sollte nun im kommenden Jahr auf eigenen Füßen stehen. Für einen Mallorquiner war es unmöglich, seine Familie zu enttäuschen, dann konnte man besser gleich ganz gehen, und das war Plan B, den hatte Manolo, ihr Freund, geschmiedet. Manolo war Sänger in einer lokalen Rockband, in der Xisca das Schlagzeug trommelte. Manolo, ein *foraster*[2] und als Schwiegersohn nicht gerne in der mallorquinischen Familie gesehen, wollte lieber früher als später nach Cadiz, das neben Madrid als die spanische Musikschmiede galt.

„Wo ein Wille ist, ist auch ein Weg, du entscheidest. Sag mir nur einfach rechtzeitig Bescheid."

„Was?"

„Na, wenn du durchbrennst, wäre es nett, dass ich erfahre, dass du nicht zum Unterricht kommst, dann muss ich hier nicht warten."

In dieser ersten Stunde schaffte ich es gerade mal, dass sie neben deutschen Begrüßungsfloskeln ein paar Sätze notierte, die ihr sinnvoll erschienen. „A Mallorca xerem el mallorquí – Auf Mallorca sprechen wir Mallorquinisch", wollte sie zum Beispiel wissen.

Zu meiner Verwunderung kam sie zur zweiten Stunde auf die Minute genau. Ich ließ sie auf meiner granatapfelroten Ottomane Platz nehmen, machte ihr einen Tee mit Johanniskraut und Orangenstückchen, stellte den Aschenbecher hin und fragte sie die gelernten Begrüßungen ab.

„Wie sagt man alemanys fora?", fiel sie mir ins Wort.
„Deutsche raus", antwortete ich.
„Surti de sa nostra casa, no venem!"
„Verlassen Sie das Haus, wir verkaufen nicht!"

Eine deutsche Immobilienfirma versuche gerade, in ihrem Dorf die letzten scheinbar nicht genutzten Grundstücke den Einheimischen abzukaufen. Und dazu gehörten auch drei Hektar margaritenblühender Wiese im Besitz ihrer Familie. „Bei meiner Großmutter", schimpfte sie, wobei sich die Pupillen ihrer Augen wie Stecknadeln zusammenzogen, „haben sie letzte Woche gesessen, als ich zufällig vorbeikam. Da lagen der Kaufvertrag und ein Umschlag mit Geld auf dem Tisch. So dick!" Sie zeigte mir mit den Händen etwa 15 Zentimeter. „Dass sie nicht unterschrieb, liegt daran, dass sie nicht schreiben kann. Ich habe sie rausgeschmissen, auf Spanisch, aber das hätte ich gerne auf Deutsch getan."

Ich hätte jetzt predigen können, dass nicht alle Deutschen Immobilienhändler waren, aber ich machte einfach weiter mit meinem vorbereiteten Programm, legte die CD ein, die ich für sie ausgewählt hatte, „Ton, Steine, Scherben", und spielte das Lied, was ich selbst in ihrem Alter immer wieder gehört hatte: „Macht kaputt, was euch kaputt macht." Ich ließ es zweimal laufen, dann fragte ich sie, ob sie etwas verstanden habe.

„Kaputt", sagte sie grienend. „Macht kaputt ..."

„Genau, ein Imperativ, eine Aufforderung, wie: Mach die Zigarette aus! Verlassen Sie das Haus!" Sie schaute mich erschrocken an. „Das war nur ein Beispiel", sagte ich. „Lerne! Mach dies, mach das, mach jenes. Wir pflegen ein *Bitte* einzuflechten, wenn wir jemanden auffordern, etwas zu tun, klingt einfach netter!"

„Macht kaputt, was euch kaputt macht – das ist aber ohne Bitte", kommentierte sie.

„Ja, es ist ja auch ein Aufruf zur Rebellion. Davon hatten wir auch einige, die 68er und dann die 89er zum Beispiel. Schreib bitte den Satz auf!"

Sie schrieb fehlerfrei, und wir hörten das Lied von vorne.

„Radios laufen, TVs laufen ... Häuser kaufen, Möbel kaufen, Reisen kaufen – wofür?"

Sie hatte fast jedes Wort verstanden und den Sinn. Ich stellte die Musik aus.

„Das ist, was wir jetzt machen: Wir machen kaputt, was dich kaputt macht, Vorurteile! Nicht alle Deutschen sind gleich."

Vorurteilen begegnet man auf der Insel zwischen den Kontinenten wie Sand am Meer. Die Deutschen meinen, die Mallorquiner seien provinziell, verschlossen und geizig. Die Mallorquiner meinen, dass die Kultur der Deutschen aus Bratwurst, Bier und sentimentalen Schunkelliedern bestehe. Und dass die Deutschen glauben, alles kaufen zu können, und *caps cuadrads*[3] seien. Die Engländer haben einen besseren Ruf, wahrscheinlich, weil sie im Moment zahlenmäßig nicht so präsent sind wie die Deutschen. Sie gelten als leger, aber auch als *un poquet cutre*, etwas dreckig. Dann gibt es die

Osteuropäer, unter denen die Rumänen am zahlreichsten vertreten sind. Sie unterliegen dem Verdacht, unehrlich zu sein. Ähnlich wie die *sudacas*[4], womit man Südamerikaner meint, unter denen die Argentinier eine besondere Bewertung erhalten. In ganz Spanien unterstellt man ihnen, arrogant und verlogen zu sein. Nicht zu vergessen sind die *moros*, die Mauren[5], mit denen man Nordafrikaner bezeichnet, auf deren Erbe man einerseits stolz ist, sie aber dennoch skeptisch beäugt. Und dann gibt es noch die *forasters*, das sind alle Festlandspanier außer den Katalanen, *els catalans*, die in den Augen des Mallorquiners zwar etwas besser als die Forasters wegkommen, aber grundsätzlich als ehrgeizig und geldgierig gelten. Im Foraster vereinen sich alle negativen Vorstellungen, die sich ein kleines, zahlreichen Eroberungen ausgesetztes und oft geplündertes Volk von Fremden machen kann: Der Foraster ist zu laut, ohne jede Eleganz, kulturlos. Der Mallorquiner fühlt sich vom Festlandspanier kolonialisiert und zitiert das mallorquinische Königreich, das unter Jaume II. und Jaume III. zwischen 1276 und 1349 ganze 73 Jahre währte.

Die Deutschen waren viele Jahre wohlgelittene Ausländer, sie bezahlten freigiebig hohe Preise und zeigten kein Bedürfnis, sich in die Gesellschaft zu integrieren, worüber man zunächst dankbar war, weil man sie im Alltag kaum erlebte. Die Abneigung gegen die Alemanes entwickelte sich mit ihrer zunehmenden Präsenz, in den deutschen Tourismusboom-Jahren der Neunziger und erreichte einen Höhepunkt, als der als „deutscher Wurstkönig" bekannte Horst Abel 1997 eine deutsche Partei auf Mallorca gründen wollte. Abel, Metzgermeister aus Fulda, hatte Anfang der 1970er eine Imbissbude an der Playa de Palma gekauft und von dort sein Firmenimperium gegründet, das aus einer Fleischfabrik und mehreren Gastronomiebetrieben bestand. Er verkaufte nach deutscher Rezeptur gemachte Würste an Urlauber, Residenten und Hotels. Daran nahm niemand Anstoß. Als er sich aber in die Politik einmischen wollte, schrie die mallorquinische Gesellschaft auf. Morddrohungen sollen ihn für einige Monate nach Deutschland getrieben haben, ehe er auf die Insel zurückkehrte und hier 2008 verstarb. Abel hatte sein Leben lang den Parteiaufruf verteidigt. Er wolle den Deutschen eine größere Lobby verschaffen und damit eine Brücke zur Inselgesellschaft schlagen. Gerne bezog er sich in seinen Äußerungen auf den Bierkönigmord, der wegen fehlender Lobby, wie Abel meinte, nie aufgeklärt worden war. Dieser geschah im November 1997 und brachte die Playa de Palma, in Deutschland schon als Ballermann bekannt, schlagartig in die Schlagzeilen. Der „Bierkönig" Manfred Meisel, der mit dem gleichnamigen Biergarten an der Playa de Palma zum Millionär geworden war, wurde nachts in seiner Villa gefesselt und mit zwei Schüssen in den Hinterkopf getötet, ebenso wie sein kleiner Sohn Patrick und die Vogelwärterin Claudia L., die Meisels zweitausend Papageien betreute. Weder Geld noch Wertgegenstände waren entwendet worden. Ein Mafia-Mord? Scharen von Journalisten reisten an den Ort des Geschehens, Formulierungen wie Mallorca als „Deutschlands 17. Bundesland" drangen ins öffentliche Bewusstsein.[6] Nun horchte man auf Mallorca auf. Nicht nur, dass die Deutschen Landhäuser und Grundstücke aufkauften, die Preise in die Höhe trieben, wie Goldgräber sich bekriegten, sie wollten auch eine eigene Partei und Mallorca an Deutschland angliedern. Die Insulaner hatten endgültig die Nase voll und reagierten mit ihrer altbewährten Art des Widerstandes: Rückzug und Gegenangriff.

Schon die Ureinwohner der Insel hatten sich große Türme gebaut, sogenannte Talayots, die als uneinnehmbar galten und, wie manche Anthropologen philosophieren, vielleicht deshalb rund waren und aus meterdickem Megalith bestanden, um Steine abzuwehren. Denn die Kunst des Steineschleuderns beherrschten die Inselbewohner in einer solchen Perfektion, dass die Römer sie ausführlich beschrieben und den Mallorquinern danach ihren Namen gaben. Abgeleitet vom griechischen Wort *ballein*, werfen, wurde dieses Volk als *balearides* bezeichnet. Daraus wurde der Name Illes Balears, Balearische Inseln.

Xisca warf keine Steine und hisste auch nicht die Segel, sondern hörte bei mir deutsche Rockmusik. Aus den Liedtexten suchten wir das Vokabular und die Grammatik, die ich dann – so gut es ging – erklärte. Was sich nicht erklären ließ, ließ ich sie pauken, wie ein Gedicht. Dann entwickelten wir kleine Geschichten um zwei Personen namens Paul und Paula, die in Berlin der Neunzigerjahre lebten, einer aus dem Osten, eine aus dem Westen. Nach zwei Monaten bestand sie ihre Prüfung mit einer Acht.[7]

Eine andere mir sehr liebe Schülerin hieß Cristina. Sie war gebürtige Kolumbianerin mit einem ovalen Gesicht, das alabasterfarben schimmerte und von schwerem, schwarzem Haar gerahmt war. Vor zehn Jahren war sie mit ihrer Mutter nach Mallorca gekommen, die sich zunächst als Putzfrau verdingte. Als die finanzielle Lage es zuließ, holte sie die beiden anderen Töchter nach. Cristina managte fortan den Haushalt, und als sie mit der Schule fertig war, begann sie zu arbeiten. Jetzt studierte sie Tourismus und kellnerte zwei Tage und am Wochenende in einem Gourmetrestaurant in Santa Maria, um sich das Studium zu finanzieren. Sie war Anfang zwanzig, fleißig, verantwortungsvoll wie eine alleinerziehende Mutter. Sie hatte einen Sprachfehler, ein Lispeln, das im Spanischen mit ihrem südamerikanischen Akzent zu entschuldigen war, aber ihr im Deutschen einen schweren Komplex eingehandelt hatte. Sie traute sich kein einziges deutsches Wort auszusprechen und verschlief immer häufiger die Deutschstunden am Institut.

Auch sie setzte ich auf meine Ottomane, fütterte sie mit Weintrauben und Nüssen, ließ sie mit vollem Mund sprechen und mit leerem. Wir plauderten uns warm und trainierten mit Wörtern wie „bitte", „bestellen", „Beleg" das *b*, das jedem Spanisch sprechenden Menschen eine besondere Schwierigkeit bereitet, denn es wird im Spanischen als verwischtes *v* gesprochen. Das Lispeln, ein Zischen der *s*-Laute, sagte ich, klinge im Deutschen reizend, was auch stimmte. Viel schwieriger war es, ihr schnelles Sprechtempo zu bremsen. Wir übten lachend das Betonen jeder einzelnen Silbe, was Spanischsprechern so unmelodisch erscheint. „Bit-te sprechen Sie lang-sam, ich ler-ne ge-ra-de erst Deutsch", „Ich kann nur ein biss-chen Deutsch", „Ent-schul-di-gung", „Wie bit-te?", „Ich wün-sche ei-nen gu-ten Ap-pe-tit."

„Sehr gut, sehr gut", hatte ein Herr im Restaurant gesagt, der sich als ein *alemán* der alten Schule herausstellte und mit ihr fortan die Bestellungen in Deutsch übte sowie die richtige Aussprache der Speisen und Getränke.

Cristina ging nun gerne zur Arbeit, übte und praktizierte, wurde die Lieblingskellnerin der deutschen Gäste, bekam doppelt so viel Trinkgeld wie zuvor, eine Lohnerhöhung dazu und den nötigen Aufwind für ihr Selbstbewusstsein.

Auch sie schaffte ihren Abschluss und arbeitet heute in einem Hotel in Terreno.

Es kamen bald andere Schüler, ein Jungpolitiker, ein Bibliothekar, der mir einen Übersetzungsauftrag besorgte, eine emsige Apothekerin, die mir Literatur über die *xuetes*[8] mitbrachte, ein Banker, der Wittgenstein auf Deutsch lesen wollte. Der Deutschunterricht war eine lehrreiche, unterhaltsame und unerschöpfliche Geldeinnahmequelle. Jeder, der etwas werden wollte, musste sich der so fremd erscheinenden Sprache der *alemanes* zumindest annähern. Die hart klingenden Laute, die vermeintlich schwierige Grammatik, der Mythos der unerlernbaren Sprache, gepaart mit Ablehnung brachte einen interessanten Querschnitt der Inselgesellschaft auf meine Ottomane.

Ich war zufrieden, hatte das Gefühl, etwas Sinnvolles und zugleich Lehrreiches zu tun, eine Brücke zu schlagen, die keine Einbahnstraße war, ich sah die Zeit vergehen und sich selbst gebären. Ich hörte sie in den Blättern rascheln, sah sie im sich verändernden Licht, sie kam und ging und kam und schien unerschöpflich. Im Spanischen heißt Zeit *tiempo*, aber *tiempo* ist auch das Wetter. Zeit ist also ein Zustand, der sich ständig ändert, doch immer gegenwärtig ist. Sie kann ihre Qualität verändern, aber niemals verloren gehen. Nur die Uhrzeit, die von den Menschen gestundete Zeit, die nennt man *la hora*, die Stunde.

Ich lehrte Deutsch und begab mich für die Reportagen auf die Suche nach deutschen Ruheständlern und Obdachlosen, die in den Schatten der Hotels lebten. Mit Lola verbrachte ich weitere Abende in der Posada, auf meiner Terrasse betrachtete ich in den Nächten das Glitzern der Lichter der Stadt, lauschte dem Fiepen der Fledermäuse und dem Knistern des Waldes. An den Wochenenden malte ich wie in Ekstase, hörte mich durch die spanische Musik, Amparanoia, Ojos de brujo, La Mala Rodriguez.

Und dann traf ich ihn. Es war ein Nachmittag mit einer Sonne, die wie Nadeln auf der Haut stach und von dem kündete, was uns bevorstand: ein sehr heißer Sommer. Plötzlich war ich von meinem Arbeitsplatz aufgestanden, ich hing an einem Absatz der Reportage über die obdachlosen Deutschen in Can Pastilla und brauchte Ablenkung. Ich hatte einen Blick ins Portemonnaie geworfen, in dem noch zwei Zwanzig-Euro-Scheine steckten, war die Treppen hinuntergerannt, die Polvorín entlanggelaufen, in die Villalonga eingebogen, und da verlangsamte ich meinen Schritt. Die Straße zwang mich immer zu einer besonderen Art Aufmerksamkeit. Es war, als würden ihre Mauern sprechen. Die Villalonga zog sich wie eine Schlange dahin, elegant gebogen mit leicht erhobenem Kopf, und hinter schmiedeeisernen Toren lagen verwunschene Gärten mit handtellergroßen Hibiskusblüten, Orangenbäumen, Palmen, Kakteen.

Schon von weitem erkannte ich seine Silhouette. Es war sein Gang, er schwankte, wie Seemänner und Träumer das tun. Wir gingen langsam aufeinander zu, zwei Menschen wie in einer Wüste.

Dann standen wir voreinander. Zwei Gefühle auf einmal: Ich freute mich, ihn zu sehen und ärgerte mich, dass er mich wieder nicht angerufen hatte.

„Ich hätte dich anrufen sollen", sagte er.

„Nein, du musst ja nicht…"

„Aber ich wollte. Nur… Aber nun haben wir uns ja so getroffen, und weißt du was", seine Augen leuchteten, „du bist doch eine Dichterin?"

„Na ja, nicht wirklich."

„Doch! Komm, ich zeige dir was, das dir sehr gefallen wird."

José lebte in einem alten Herrenhaus, das Anfang des vergangenen Jahrhunderts als Sommersitz einer reichen Engländerin gebaut worden war. Über der Haustür aus alter Eiche hing ein Madonnenbild. Im Hausflur fiel flackerndes Licht von einem schweren Kronleuchter. Über den Wohnungstüren hingen Masken aus Ton.

José wohnte in der gesamten oberen Etage.

Er führte mich durch den etwa fünfzehn Meter langen Flur, der durch zwei Flügeltüren aus Glas geteilt war und von dem so viele Zimmer abgingen, dass ich irgendwann nicht mehr wusste, welche eigentlich der Ausgang war. Vorne und hinten befand sich jeweils eine Terrasse über einem mit Palmen bewachsenen Garten, der den unten wohnenden Besitzern gehörte, Conchi und Toni, die ich schon in der Posada kennengelernt hatte. Doch was war die Überraschung?

„Der Dichter Camilo José Cela hat hier gelebt", sagte er triumphierend.[9]

„Wirklich?"

„Ja, wirklich, es war sein erstes mallorquinisches Domizil." Wir standen in einem *salón*, der zweifelsohne eines Dichters würdig war. Ein Kamin in der Ecke, gefliester Fußboden, Holzfenster mit bunten Jugendstilfenstern, eine Decke, an denen die Dachbalken freigelegt waren, und eine Holztreppe, die auf eine Galerie führte. Die Räume waren so hoch wie in einem Schloss. Hier hatte der spanische Literaturnobelpreisträger die Monatszeitschrift Papeles de Son Armadans herausgegeben, die während der Franco-Ära ein Sprachrohr für die junge Opposition Spaniens war.

Ich suchte nach Spuren des Denkers und Dichters und musste an die obdachlosen Deutschen denken, die wie Spatzen von den Resten des Tourismus lebten. Sie holten ihr Essen in den Küchen der Hotels, sammelten verlorene Gegenstände und in Telefonzellen festgeklemmtes Geld, abends stritten sie am Supermarkt um Lebensmittel, die in Mülltonnen geworfen wurden. Auf Mallorca existierten auf engstem Raum so unterschiedliche Welten.

In der Küche, die so groß war, als würde hier immer noch Personal das Essen bereiten, stellte José Tapas und Wein auf den Tisch.

„Und wo ist deine Frau?", fragte ich ihn in einem Anfall von Direktheit, die auf Mallorca mindestens ungewöhnlich, wenn nicht gar unfreundlich ist. Aber José war ja Foraster.

„Welche Frau?"

„Na deine, die zum San Sebastian kam, war das nicht deine Frau?"

„Nein", er lachte. „Das war Vic. Eine der typischen Inselgeschichten, aber die erzähle ich dir ein anderes Mal."

Anmerkungen zum April

1 Frederico García Lorca (1898–1936), spanischer Dichter und Schriftsteller, zählt zu den bedeutendsten spanischen Autoren des 20. Jahrhunderts.

2 Foraster ist die mallorquinische, meist abfällige Bezeichnung für Festlandspanier.

3 *Caps cuadrads*, mallorquin.: quadratische Köpfe, bezeichnet Deutsche und meint Sturheit, fehlende Flexibilität und ein Schwarzweißdenken.

4 *Sudaca*, spanische abfällige Bezeichnung für Südamerikaner. Es spielt auf die Worte *sur*, auch *sud* – Süden – und *sudar* – schwitzen an.

5 Viele Spanier behaupten: *somos moros*, wir sind Mauren. In Spanien ist man stolz auf die Nähe zur maurischen Kultur, was nicht verhindert, dass man abfällig über sie spricht. So bedeutet *tener moro* unverschämt sein.

6 Im Sommer 1993 hatte der CSU-Bundestagsabgeordnete Dionys Jobst wohl scherzhaft vorgeschlagen, Mallorca für 50 Milliarden Mark als 17. Bundesland zu erwerben.

7 Die Benotung erfolgte mit Punkten, wobei zehn die höchste zu erreichende Punktzahl war und fünf die notwendige, um eine Prüfung zu bestehen.

8 Xuetes: Bis heute übliches Schimpfwort für zwangskonvertierte Juden auf Mallorca. Man schätzt, dass heute 18 000 Mallorquiner Nachkommen dieser verfolgten Volksgruppe sind. Die etymologische Entstehung des Begriffes ist umstritten, einige Experten sagen, dass sich *xuetó* von *jeutó*, der Verkleinerung des *jueu* (Jude), herleitet. Eine andere These meint in dem Wort *xuia*, dem mallorquinischen Speck, den Ursprung des Namens zu sehen. Die *xuetes* sahen sich aus Angst vor der Verfolgung genötigt, demonstrativ in ihrer Religion verbotenes Schweinefleisch zu essen.

9 Camilo José Cela (1916–2002) erhielt 1989 den Literaturnobelpreis. Das bekannteste seiner über siebzig Bücher ist „La colmena" (Der Bienenkorb) und schildert in Erzählfragmenten das Madrid der Nachkriegszeit. 1954 siedelte er nach Mallorca über, wo er die Zeitschrift Papeles de Son Armadans herausgab, in der er Dichtern, die von Franco ins Exil getrieben worden waren, eine Stimme verlieh.

Mai

BIS IN DIE MORGENSTUNDEN hatte ich an der Reportage über die obdachlosen Deutschen gefeilt, zwei Stunden geschlafen, und dann hatte José mich abgeholt. Wir fuhren mit seinem *cuatro latas*[1], einem alten Renault 4, am frühen Morgen an die Nordküste. Es war ein Sonntag, und eine heilig anmutende Stille lag über der Insel. Wenn man Palma Richtung Valldemossa verlässt, durchquert man zunächst eine Ebene. Rechts befindet sich Palmas Gefängnis, eines der modernsten Spaniens, außerdem Lagerhallen und Einkaufszentren, die wie Containerhallen aussehen.

José steuerte den Wagen wie ein Kutscher, routiniert und gelangweilt. Ich dagegen fühlte mich, als hätte ich eine Handvoll Flöhe unter meinen Kleidern. Einerseits wegen der Reportage, die ich abgeschickt hatte, ohne bisher eine Reaktion erhalten zu haben, andererseits aber auch wegen José, dessen Verhalten sich mir nicht erschloss. Er zeigte Interesse und hielt mich auf Distanz. Mit den Worten „von da musst du einen beeindruckenden Blick haben" hatte er mich das letzte Mal vor meinem Haus abgesetzt, meine Hände fest gedrückt, als müsse er mir Mut zusprechen. Dann hatte er mir einen väterlichen Kuss auf die Stirn gegeben und war, ohne sich umzudrehen gegangen. War das die spanische Art zu werben? Das hatte ich mir anders vorgestellt.

Vor uns lagen die blauen Berge der Serra de Tramuntana. Das Gebirge schützt Mallorca vor den kalten Nordwinden und ist der Rücken eines unterirdisch verlaufenden Gebirgsausläufers, der Andalusien mit Korsika und Italien verbindet.

Wir wollten auf den Spuren des S'Arxiduc wandern. S'Arxiduc auf Mallorquinisch, el Archiduque in Spanisch ist der Erzherzog – und damit ist auf Mallorca nur einer gemeint: Ludwig von Habsburg, Cousin des Kaisers Franz Josef I. von Österreich und enger Freund der Kaiserin Elisabeth, auch als Sissi bekannt. Auf Mallorca hat er als der Ahnvater aller Aussteiger und Naturschützer Geschichte geschrieben. Eine brennende Braut soll den endgültigen Ausschlag für den Entschluss des Habsburgers gegeben haben, sich anstatt einer standesgemäßen Karriere als Beamter und Kavallerist den Forschungsreisen hinzugeben. Er war knapp zwanzig Jahre alt, als seine Verlobte, Prinzessin Mathilde, sich bei dem Versuch, heimlich eine Zigarette zu rauchen, selbst entzündete, und weil sie nicht rechtzeitig aus den mit Ösen, Schnüren und Schleifen festgebundenen Kleidern, Röcken und Miedern befreit werden konnte, starb sie einen qualvollen Tod.

Der junge Ludwig, ein sprachbegabter Sonderling, ließ sich Asthma attestieren und zur Genesung auf die Balearen verschicken. Mit der „Nixe", seinem Forschungsschiff, bereiste er das Mittelmeer. Er katalogisierte und beschrieb kleine, bis dahin unentdeckte Regionen wie etwa die Inseln Paxos, Ithaka und Zante im Ionischen Meer, die Liparischen Inseln im Norden Siziliens und eben auch die Balearischen Inseln.

Mallorca hatte es ihm angetan, hier wollte er bleiben, die Insel erkor er zu seinem Hafen. Er kaufte Parzelle um Parzelle den gesamten Küstenstreifen zwischen Valldemossa und Deià von sechzehn Kilometern Länge und zehn Kilometern Tiefe. Kein Baum durfte gefällt werden und kein Tier geschlachtet, wenn es nicht für den Verzehr war. Er schaffte an der wilden, schroffen Steilküste ein Wander- und Reitwegesystem, das sich in die Natur einpasste, errichtete an den schönsten Stellen Aussichtstürme, *miradores*. Als Hauptsitz bezog er Son Marroig, eine zur Bergseite hin wehrhafte Finca direkt über der Halbinsel sa Foradada, die ihren Namen von dem riesigen Loch im Felsen hat, durch das das Meer speit.[2] Das besondere Markenzeichen des Archiduque war seine schlechte Kleidung. Wenn man ihn zeichnend auf einen Stein antraf, hielten ihn viele für einen einfachen Bauern, am Wiener Hof machte man Scherze über seine einzige Uniform, die mit den Jahren aus allen Nähten platzte und arg zerknittert war, worauf er antwortete: „Lieber vielfältig als einfältig."

Viele Geschichten beschäftigen sich mit dem Liebesleben des Herzogs, der niemals verheiratet war, aber unter den Landarbeitern zahlreiche Geliebte hatte, Männer und Frauen. Eine Sonderstellung jedoch genoss Catalina Homar, die Tochter eines Tischlers, deren lieblicher Gesang Ludwig verzauberte. Er unterrichtete sie, lehrte sie schreiben und verschiedene Sprachen, sie wurde die Verwalterin seiner Weingüter, begleitete ihn auf Reisen und wurde sogar am Hof von Wien präsentiert. Für sie ließ er im Stil eines maurischen Liebesschlosses S'Estaca errichten, in dem heute der amerikanische Schauspieler Michael Douglas seine Inselaufenthalte verlebt. Nach seinem Tod hinterließ er all seine mallorquinischen Güter den Familien seiner Bediensteten. Sein sechstausend Seiten umfassendes Monumentalwerk „Die Balearen" ist die komplettste Beschreibungen der Natur, Sitten, Geschichte und Kultur der Inseln, die es bis heute gibt.

„Auch wenn die Mallorquiner es nicht gerne hören", sagte José, „verdankt man hier vieles den Fremden."

Wir fuhren gerade an Laforet vorbei, einem weißen Gebäude mit großem Parkplatz, auf dem drei Touristenbusse standen. „Die Glasherstellung zum Beispiel. Das Laforet ist eine der letzten Manufakturen, aber die Mallorquiner erlangten damit einst wirklich Ruhm, sie waren Weltspitze", erklärte José. „Manche Gläser, Vasen, Fenster waren von solcher Qualität, dass man sie fälschlicherweise als venezianisches Glas stempelte. Aber wem ist das zu verdanken?" Er schaute mich erwartungsvoll an. „Einem Flüchtling."

Wenn José über die Mallorquiner sprach, zog er die Augenbrauen zusammen, so dass sich über der Nasenwurzel eine tiefe Kerbe bildete.

Die Straße begann sich in die Ausläufer des Tramuntana Gebirges hineinzuschlängeln. Wir fuhren an Plantagen mit Orangen und Zitronen vorbei, dann an einem dichten Eichenwald, die Straße stieg an, fiel ab, schlug Kurven, dann tauchten graue Steinhäuser in den Bergen auf, bis man eine grüne Turmspitze sah.

„Valldemossa", sagte José, „die Kartause."

„Hier verbrachten George Sand und Frédéric Chopin den berühmten Winter auf Mallorca?", fragte ich.

„Ja genau, in den zugigen Zellen des Kartäuser-Klosters. Heute ist es die Touristenattraktion, damals aber ist Chopin hier fast gestorben, Lungenentzündung, und die Mallorquiner glaubten, dass es eine ansteckende Schwindsucht sei, und mieden das Paar wie den Teufel."

„Das ist nun zweihundert Jahre her, glaubst du nicht, dass sich da vieles geändert hat?"

„Nein. Sie sind ungastlich, das ist der Spanier sonst überhaupt nicht, und sie sind nicht ehrlich. Sie würden dir niemals die Wahrheit ins Gesicht sagen."

„Aber wenn du es so furchtbar findest, wieso bist du dann auf Mallorca?", fragte ich ihn.

„Ich bin hier gestrandet mit meinem Schiff, ich habe ein Segelboot, weißt du?" Ich nickte. „Und wie viele bin ich hängen geblieben. Mallorca ist kein guter Ort für Abenteurer, man erliegt der Insel und kommt nicht mehr weg. Die meisten werden hier irgendwann *ancioso*, eine Art Seelenbeklemmung, aus der man sich nicht befreien kann.³ Der Inselkoller."

Davon hatte ich schon gehört. Jeder, mit dem ich mich mal über dieses und jenes unterhielt, erwähnte irgendwann die *anciedad* und den Inselkoller, aber es war so wie mit den Irrlichtern, von denen Catalina immer wieder sprach, ohne dass ich eine richtige Erklärung gefunden hatte.

„Ich habe mich manchmal auf meiner Terrasse gefragt, ob man Einsamkeit an einem nicht so schönen Ort, sagen wir im November in Berlin, leichter ertragen kann als hier, wo die Umgebung so paradiesisch ist. Das könnte doch erklären, warum so viele Menschen sich hier irgendwann beklemmt fühlen."

„Fühlst du dich denn einsam?", fragte er

„Nein, im Moment nicht. Für mich ist das alles noch neu. Hast du übrigens schon mal von den Irrlichtern gehört?"

„Du meinst die Feuer, mit denen die Inselbewohner früher die Schiffe in eine Falle lockten?"

„Ich weiß nicht. Meine mallorquinische Freundin Catalina spricht immer davon, aber sie muss etwas anderes meinen."

„Früher machten sie an bestimmten kesselartigen, flachen Buchten Feuer, so dass die Schiffe glaubten, hier seien ein Leuchtturm und ein Hafen. Sie liefen auf Grund und wurden dann überfallen."

„Piraterie vom Land aus, sozusagen?"

„Ja, das haben alle Inselbewohner gemacht, irgendwann."

„Ich dachte, dass es Lichter sein müssten, die die Menschen auf einen falschen Weg führen, so etwas hat meine Freundin Catalina immer erwähnt, weil ich mich am Anfang so oft verfahren und verirrt habe."

„Na ja, sie stellen manchmal bewusst falsche Wegweiser auf, damit die vielen Fremden eine besonders schöne Bucht nicht finden. Sie wachen eifersüchtig über ihre Lieblingsorte. Aber vielleicht meint sie damit auch die vielen Spiegelungen durch das starke Licht, die Halluzinationen hervorrufen können, wie der Sand in der Wüste."

„Halluzinationen?"

„Man verliert den Sinn für die Realität, sieht alles im goldenen Licht, man erlebt einen Rausch der Sinne, Endorphine werden ausgeschüttet, Glückshormone, als wäre man verliebt."

Von Valldemossa führt eine der schönsten Küstenstraßen Mallorcas über Deià nach Sóller. Die Fahrt lohnt sich allein schon wegen der Aussicht. Die Bergspitzen vermischen sich mit dem Blau des Himmels, so dass man den Eindruck hat, der Himmel liefe aus. Oft sind die Berge von seidigen Wolken umgarnt. Es gibt dichte, nach Harz und Majoran riechende Wälder, Pinien, Steineichen und jahrhundertealte Olivenbäume in merkwürdig verschlungenen Formen, deren Blätter im Wind silbrig glänzen. Dazwischen tauchen bronzefarbene bis braune Häuser auf, flach in die Berge gedrückt, als ducken sie sich vor Wind, Regen und Meer. Der Nordwesten Mallorcas ist wild, romantisch, wirkt nahezu unberührt, ist atemberaubend und schwindelerregend schön.

Hinter Deià parkten wir an einem kleinen, mit Hecken bewachsenen Platz, den man nicht finden konnte, wenn man ihn nicht kannte. Auf der anderen Straßenseite gingen wir einen schmalen Weg hinab, der von Sträuchern und Gräsern überwuchert war, so schmal, dass wir hintereinander laufen mussten. Unter der weggespülten Erde tauchten hier und da Steine wie Stufen auf. „Das ist ein ganz alter Weg", erzählte José, „ich habe hier mal eine Münze gefunden aus der Zeit der aragonesischen Könige, das war das 15. Jahrhundert. Zeige ich dir mal."

Dann sahen wir die Dächer von Lluc Alcari, einer *aldea*, einem Ort kleiner als ein Dorf, mit einer steil abfallenden

Straße und einer leicht verfallenen Pfarrkirche. Katzen kreuzten unseren Weg, beäugten uns, ehe sie ihren Lauf fortsetzten. Wir gingen über eine Art Brücke an den Resten einer alten Ölmühle vorbei. Dahinter führte ein Pfad an wilden Gärten entlang immer tiefer Richtung Meer.

„Alle blauäugigen Mallorquiner sollen von ihm abstammen", sagte José.

„Von wem?"

„Vom Archiduque Ludwig Salvator[4]. Man sagt, er habe viele Kinder gezeugt. Erst dachten die Mallorquiner, er sei ein Narr. Stundenlang saß er auf Steinen, zeichnete, gekleidet wie ein Landarbeiter, doch bald sprach sich herum, dass dieser Narr jedes Stück Land kaufte, von dem er gehört hatte, dass man die Olivenbäume fällen wolle. Ohne ihn wäre das wohl alles gerodet und heute bebaut worden. Also, wenn die Bauern Geld brauchten, setzten sie das Gerücht in Umlauf, dass sie die jahrhundertealten Olivenbäume fällen würden, und der Archiduque kaufte für gutes Geld, was sie für wertlos hielten. Weißt du, worüber ich immer wieder nachdenken muss?"

„Nein", sagte ich abgelenkt. Der Weg forderte meine ganze Konzentration, er war schmal und rutschig. Ein falscher Schritt, und man konnte den Hang hinunterfallen.

„Das ist hier einer der alten Reitwege, die der Erzherzog angelegt hat. Kannst du dir vorstellen, dass man hier entlangreitet?"

„Mit einem Maulesel, vielleicht."

„Anaïs Nin hat das gemacht. Sie ritt jeden Tag zum Wasser runter, in Deià, als sie hier einen Sommer verbrachte", sagte er.[5]

„Sie war auch hier?"

„Ja, in den Vierzigerjahren."

Er hatte sich umgedreht und wartete auf mich, wobei er

mir seine Hand entgegenhielt. Ich nahm sie, blieb stehen und schaute mich um. Es wäre töricht gewesen, ohne Halt den Blick vom Boden zu erheben, jedenfalls für mich, die ich nicht besonders trittsicher war. José dagegen bewegte sich wie eine Bergziege, er sprang über die Steine, drehte seine in Sandaletten geschnürten breiten Füße in die Erde, stemmte sich gegen Wurzel- und Strauchwerk. Wir waren in einem lichten Waldstück, das steil nach unten abfiel. Das schattige Blaugrün war von Lichtkegeln gesprenkelt, ein Licht wie Salz und Pfeffer. Die Brandung schäumte über die Felsen.

„Was ich dir sagen wollte ..."

Ich sah in seine Augen, die leuchteten.

„Schon als ich dich das erste Mal sah, da auf dem Fest, hatte ich das Gefühl, dass ich dich kenne."

„Das höre ich öfter. Vielleicht habe ich ein so gewöhnliches Gesicht."

„So meine ich das nicht", sagte er. „Du möchtest hinter den Horizont schauen."

„Was?" Ich stolperte über eine Wurzel.

„Ja, du willst hinter den Horizont schauen."

„Aber das kann man doch nicht."

„Ja, es ist Wahnsinn, aber ich sage nicht, dass der Wahnsinn nicht schön ist."

Wie viele Madrileños seiner Generation hatte ihn die *movida* geprägt. So bezeichnet man die Kulturbewegung der hauptstädtischen Jugend, die nach dem Tod Francos gegen eine erstarrte konservative Gesellschaft rebellierte. Der Regisseur und Drehbuchautor Pedro Almodovar ist der bekannteste Künstler dieser Zeit. In seinen Filmen zeigt er ein Lebensgefühl, das von Sehnsüchten erzählt, von Brüchen, Drogen- und Liebesexzessen – eben von dem Versuch, die Fesseln der katholischen Gesellschaft zu sprengen. Unter diesem glitzernden Aufbruch verbergen sich aber die Spuren einer Erziehung im katholischen Spanien, in welchem Kinder mit Schuldgefühlen, Scham und der Angst vor Sühne gezügelt wurden. So war José in seinen „wilden Jahren" gesegelt und hatte sich mit sporadischen Arbeiten über Wasser gehalten. Doch irgendwann rief die Verantwortung. Als ältester Sohn einer achtköpfigen Familie musste er Geld verdienen, um den jüngeren Geschwistern und den alternden Eltern zu helfen. So stellte er sein Boot in den Hafen von Mallorca und begann als Techniker beim spanischen Fernsehen, wo er sich vom Cutter zum Herstellungsleiter hocharbeitete. Äußerlich hatte er alles, ein Boot, eine tolle Wohnung, und doch wirkte er unglücklich, wie jemand, der etwas Wichtiges verloren hatte.

Als wir an einer Art Plateau ankamen, hatte die Sonne bereits ihren Zenit erreicht. Ohne den Schatten der Bäume brannte sie gnadenlos, wir waren durchgeschwitzt, krempelten die Hosenbeine hoch, und José holte aus seinem Rucksack eine Flasche Wasser, Orangen und Kekse.

Ich war ziemlich müde, hatte ja nicht so viel geschlafen und war doch von der Sonne aufgekratzt.

„Und ist das schlecht?", fragte ich, „wenn man das Unmögliche will, so etwas wie hinter den Horizont schauen?"

„Nein", er überlegte, während er die Orangen schälte. „Es ist nicht schlecht, nur unrealistisch. In deinem Alter war ich auch so, aber das Leben vergeht zu schnell, als dass man seine Zeit vergeuden kann." Er reichte mir die Hälfte einer Orange.

„Das sehe ich anders", sagte ich und biss ins Fruchtfleisch, süßsaurer Saft floss in meinen trockenen Mund.

„Nur damit wir uns nicht missverstehen. Ich kann dir nicht geben, was du brauchst."

Ich schluckte und schaute ihn verwundert an. „Und was brauche ich denn deiner Meinung nach?"

„Einen richtigen Mann an deiner Seite."

„Meinst du?" Noch nie hatte jemand so etwas zu mir gesagt, jedenfalls kein Mann, der mit mir, ja, ich verstand es so, der mit mir irgendwie flirtete. „Das habe ich gerade hinter mir gelassen in Berlin. Vielleicht ist es nicht das, was ich vom Leben will."

„Jede Frau will das in deinem Alter."

Ich stand auf, ging ans Wasser, zog meine Schuhe aus, tauchte die Füße ins Meer. Wenn ich nicht hier unten gewesen wäre, hinter dieser von Menschen verlassenen Steilwand der Nordküste, in einem Tal, aus dem ich alleine nicht wieder herausfinden würde, ich wäre gegangen. Wie konnte ich nur so dumm sein, mich ihm so auszuliefern?

So also war es nun um meine Unabhängigkeit bestellt.

„Hey, alemana!", rief er.

Ich reagierte nicht.

„Mari, guapa, niña, no te enfades – sei nicht böse, Mari." Ich sah ihn lang gestreckt in der Sonne liegen, mit verschränkten Händen hielt er den Kopf hoch und griente mich herausfordernd an.

„Verstehst du denn keinen Spaß? Warum nehmt ihr Deutschen immer alles so ernst. Cada uno se rasca donde le come – jeder kratzt sich dort, wo es ihn juckt."

Ja, vielleicht. Wenn ich das Sprichwort richtig verstand, bedeutete es: Getroffene Hunde bellen.

„Palabras y plumas lleva el viento" war das Einzige, was mir einfiel: „Worte und Federn nimmt der Wind mit."

War es so wichtig, was er sagte? Sollte ich nicht einfach genießen? Allein wäre ich diesen Weg nie gegangen. Ich hätte ihn ja nicht einmal gefunden.

Sicher, vor einem Jahr hätte ich anders reagiert. Aber da saß ich ja auch an so einem Tag in der Redaktion, umgeben von Computern, gedruckten und entworfenen Zeitungsseiten, netten Kollegen, die, wenn sie meine Geschichte nicht teilten, sie doch kannten und schaute aus dem 17. Stock des Verlagshauses über die Berliner Dächer. Hoch über der vernarbten Stadt hatte ich mich privilegiert gefühlt. Doch wie weit war ich damals vom Leben entfernt. Die Uhrzeit war der Takt, der sich ständig beschleunigte. Sie trieb jeden von uns zu einem schwindelerregenden Solo, wir wollten schneller als andere sein und besser, uns und andere übertrumpfen, und spürten nicht, dass wir ein Spiel spielten, das bereits verloren war. In einer halben Stunde musste der Artikel fertig sein, bis morgen die Genehmigung eingeholt für ein Interview mit einem Politiker oder einer was weiß ich wieso gerade interessanten Person, in zwei Stunden Argumente für ein Thema entwickelt, alle Abers der Kritiker im Vorhinein widerlegt, am Abend eine Veranstaltung. Wir rannten gegen die Zeit.

Nein, hier auf der Insel war mein Weg noch nicht zu Ende, gerade weil ich meine Grenzen spürte und sie vielleicht erweitern konnte.

Wir gingen weiter Richtung Deià, auf einem Weg, der immer weniger begehbar war. Heruntergestürztes Geröll, über das wir kletterten, Schotter, der rutschig war, wenige Meter über dem Meer. Wenn man direkt auf das Meer blickt, sieht man, dass die Farbe Blau eine Täuschung ist. Es ist der gespiegelte Himmel. Aus der Nähe betrachtet ist das Meer dunkelgrau, aschfarben, flaschen- und smaragdgrün, manchmal auch diamanten, dann sogar violett, und wenn es die Sonne in seinen Wellen spiegelt, sieht es aus, als tanzten goldene Tropfen darin. Wir waren bestimmt eine Stunde gelaufen, ohne zu reden. Dann kamen wir an eine Stelle mit grobem weißem Sand, eine wilde Bucht mit einer Art Stufe, von der man ins Wasser springen konnte. Ich zögerte. José zog sich aus und sprang hinein. Auch wenn mir das dunkle Ungewisse nicht ganz geheuer war, ich machte es ihm nach. Als ich wieder auftauchte, fühlte ich mich, als hätte ich eine eng gewordene Haut abgestreift.

Nach einer Pause, in der wir uns in der nicht mehr ganz so warmen Sonne trocknen ließen, gingen wir weiter. Die Nacht kündigte sich an, die Sonne sank tiefer und tiefer, ein Wind kam auf. José meinte, dass der Gregal, der Nordostwind, sicher Regen bringen werde. Wir waren zu weit gelaufen, um es zu schaffen, vor der Dunkelheit dorthin zurückzukehren, wo wir hinabgestiegen waren. Wenn uns der Regen überraschen würde, würden die Felsen nicht mehr passierbar sein. Sicherer war es, jetzt aufzusteigen. Ich sah den steilen, rutschigen Hang und schaute wohl etwas erschrocken. „Da hinten muss die Cala de Deià sein", sagte er, „da gibt es einen vernünftigen Weg hinauf ins Dorf, ich hole dann das Auto, einverstanden?"

Er gab mir den letzten Schluck Wasser aus der Flasche, nahm meinen Rucksack, und wir setzten unseren Marsch fort. Bald fanden wir die Bucht, die wie eine ausgehöhlte Landzunge im grauen Felsstein lag, das Meer spülte über Planken, an denen man die Fischerboote herauszog, in den Felsstein waren Stufen gehauen, die vom Wasser umspült wurden, Bootshäuser schmiegten sich aneinander. An einem Geländer aus gekrümmten, von der salzigen Luft gedörrtem Holz hielt ich mich fest. Die Sonne war längst hinter den Horizont getaucht, Wolken bedeckten den Himmel, es war eine mondlose, sehr dunkle Nacht. Ich war völlig erschöpft, fror und war glücklich.

Anmerkungen zum Mai

[1] *Cuatro latas*, vier Büchsen, werden in Spanien die alten Renault 4 genannt – wegen ihrer Robustheit und effektiven Raumaufteilung. Sie werden gerne bis in ein hohes Alter von über zwanzig Jahren gefahren.

[2] Der Landsitz Son Marroig befindet sich in Besitz der Erben, einige Räume sind als Archiduque-Museum der Öffentlichkeit zugänglich gemacht worden.

[3] „Estar/ser ancioso", auch „tener anciedad" (spanisch), ist eine sehr häufig gebrauchte Gefühlsbeschreibung: sich beklemmt fühlen, eingesperrt, Seelenangst haben, ein Zustand, für den es keine passende deutsche Übersetzung gibt. Es meint eine innere Unruhe, die keinen Ausbruch findet.

[4] Ludwig Salvator (1847–1915) reiste 1867 zum Zwecke wissenschaftlicher Studien und aus gesundheitlichen Gründen das erste Mal auf die Balearen.

[5] Anaïs Nin, 1903–1977, Autorin und Feministin, Geliebte und Gefährtin Henry Millers, berühmt durch ihre erotischen Geschichten und Tagebücher.

Juni

DER SOMMER NAHM UNAUFHALTSAM SEINEN EINZUG, täglich kletterte die Quecksilbersäule des Thermometers höher, bis sie ab Mitte Juni um die Mittagszeit die Dreißig-Grad-Marke täglich überschritt. Die Luftfeuchtigkeit auf der Insel tat ihr Übriges. Ein Film legte sich auf die Haut, was angenehm kühlte. Noch. Wenige Wochen später sollte uns die Hitze gefangen halten wie Tiere in einem Käfig, uns den Schlaf rauben und an den Nerven zerren. Doch im Monat Juni sind die Nächte noch lau. Meistens brachte der Levante vom Meer eine frische Brise, so dass ich abends ein feuchtes Tuch um die Schultern legte, wenn wir bei Josés Nachbarn im seidigen Mondlicht die Zeit vergaßen.

Conchi und Toni besaßen die untere Etage des Palastes, wie ich Josés Haus nannte, einschließlich des mit Palmen bewachsenen Gartens, einer Bodega und einer unterirdischen Zisterne, in der die Musik einer Tropfsteinhöhle klang. Sie waren das bemerkenswerteste Paar, das ich jemals kennengelernt habe. Während ich das schreibe, werde ich mir bewusst, dass ich damals schon die spanische Art des Denkens übernahm. Die spanische Sprache ist eine blumige Sprache und eine, in der man gerne übertreibt. Auf Spanisch ist man nicht erfreut, jemanden kennenzulernen, sondern *encantado* – bezaubert. Leute wie Toni und Conchi waren nicht nur einfach *buena gente*, gute Leute, sondern *buenísma* und sogar *buenosísima*. Was, wenn man es übersetzen wollte, „sehrest gut" heißen könnte.

Sie gehörten zu den Paaren, deren Liebe zueinander überläuft wie eine Quelle, so dass auch andere ihr Glas daran füllen können. Obwohl ihre Lebensart mich eher an den vollmundigen, dunkelrot fruchtigen Wein erinnerte, der nach Erde und Eichenfass roch und der in ihrem Haus niemals zur Neige ging. Die Trauben waren im Überfluss – wie vieles auf Mallorca – auf den Feldern eines Bruders von Conchi gereift und wurden dort auch gekeltert. Sie, eine blonde Mallorquinerin mit blauen Augen, den Körper vom täglichen Schwimmen gestärkt, war als Jüngste von sieben Geschwistern in einer Familie geboren, die weder Geldnöte noch Krankheiten kannte. Conchis Mutter traf ich, als sie Obst schälend in der Küche der beiden saß. Da war sie irgendetwas über fünfundneunzig. Eine kleine, fröhliche Frau mit leicht gekrümmtem Rücken, sorgfältig toupiertem blondem Haar und einem Blick, der sich auflöste wie die Linie zwischen Himmel und Meer am Horizont. Sie strich mir mit ihrer knochigen Hand über die Wange und wiederholte dabei mehrmals meinen Namen, damit sie ihn nicht vergesse, sagte sie, und entschuldigte sich im Voraus, falls ich sie eines Tages im Bus sitzen sehen würde und sie mich nicht grüßen sollte. Das läge einfach daran, dass ihre Augen nicht mehr die besten seien.

Conchi, knapp über vierzig, Grundschullehrerin, hatte noch immer den Blick eines glücklichen Mädchens. Sie war die gute Seele des Hauses, hielt es in Schuss, schliff mit Inbrunst die zahlreichen Fensterläden, strich und ölte sie, behandelte die Balken, pflegte das Terrakotta, die Pflanzen im Garten. Toni, über sechzig, ein der Arbeit müder Bauleiter, kam ursprünglich vom Festland und formte leidenschaftlich gern Masken, Köpfe und Torsos aus Ton, die überall im Haus und Garten hingen oder standen. Wenn er in der Posada saß oder am immer reich gedeckten Tisch mit Freunden, zeichnete er unablässig Portraits der Anwesenden mit ausladendem Strich. Er wolle die Seele der Menschen aufs Papier bringen, sagte er. Dazu trank er unablässig Wein, stimmte gelegentlich eine Copla an. Er hatte eine tiefe Stimme, in der er gern gereimte Lebensweisheiten verteilte, die von seinem chronischen Husten unterbrochen wurden und mit einem Toast auf seine Frau endeten.

„Sein Zuhause trägt man im Herzen", sagte er gerne zu mir. „Und ich habe meines neben mir, meine geliebte Frau. Auf ihre Gesundheit!"

José und ich verbrachten viele Abende bei ihnen. Wenn sie uns als einzelne Personen auch erhellten, als Paar warf ihre Liebe auf unsere Beziehung eher einen Schatten. Conchi kannte wie alle Mallorquiner fast alle Mallorquiner, sicher aber diejenigen, die etwa in ihrem Alter waren und aus der gleichen Ecke der Insel stammten. So war ihr auch eine Frau namens Victoria bekannt. Diese hatte eine jahrelange Liaison mit José gepflegt. Er hatte sie mir gegenüber erwähnt als seine Ex-*media novia*, eine Ex-Halbverlobte, der ich nicht allzu viel Bedeutung beimessen solle. Ich vermutete, dass sie die Frau war, die ihn auf dem San Sebastian so wütend angesprochen hatte, wusste es aber nicht genau. Denn dieser Frage wich er konsequent aus. Wahrscheinlich fürchtete er, dass wir uns irgendwann aussprechen könnten, würde ich sie kennenlernen. Der Tratsch der Frauen ist der Alptraum des spanischen Mannes. Viele behaupteten, dass es ihnen schlichtweg auf die Nerven geht, aber ich meine, dass sie die Macht der Informationen fürchten, und das nicht zu Unrecht.

Soweit ich wusste, hatten sich José und diese Victoria zum wiederholten Male getrennt, das letzte Mal zwei Wochen, bevor ich José vor seinem Haus traf. Als sie dann aber erfuhr, dass er nun mit einer anderen Frau, dazu mit einer *alemana* unterwegs war, schürte sie das Feuer unter dem Kessel, den jede spanische Frau zur Verteidigung ihrer Ehre bereithält. Eine Mischung aus Magie, Intrige und Drama.

Doch in diesen Nächten ahnte ich nichts davon, saß im seidigen Mondlicht und versuchte, den Abwegen der spanischen Gespräche zu folgen. Auch wenn Conchi eine Mallorquinerin war, die Sprache im Haus der Nachbarn war Spanisch. Man philosophierte über das Leben, schimpfte auf korrupte Politiker, die Baumafia, besang alte Zeiten, als man mit dem Mofa die ganze Halbinsel durchquerte, den Atlantik mit einem neun Meter langen Segelboot überquerte und der Sommer der Jugend ewig anzuhalten schien. Wenn José und Toni, der zur Zeit der *movida* etwa dreißig war, nicht gerade schwärmten, entwarfen sie in stundenlangen Diskussionen Strategien, um den streitsüchtigen Nachbarn aus der Kellerwohnung des Palastes in Schach zu halten. Dieser war Baske und beanspruchte Räume für sich, wie die Zisterne, die ihm laut *escritura*[1] nicht zustanden. Er baute eine Mauer hinter der Grundstücksmarkierung, wobei er nicht nur den Sonneneinfall in Tonis Arbeitszimmer beschränkte, sondern ihm auch einige Zentimeter vom Garten klaute. Außerdem gab es ein Kaminrohr, durch das selbst im Sommer Rauch stieg, und wenn der Levante wehte, der Ostwind, was im frühen Sommer häufig geschah, blies der Rauch direkt in Josés Schlafzimmer. „Sicher ist es in den Kellerräumen feucht", verteidigte ich ihn. Doch die Männer ignorierten meinen Einwand. Dann hatte dieser Nachbar noch die Angewohnheit, die Haustür aus alter Eiche zuzuwerfen, so dass man glaubte, ein Schuss wäre gefallen. Er ging morgens um fünf zur Arbeit, und da das die Zeit war, in der die Müllabfuhr endlich ihren lärmenden Dienst erledigt hatte, war es besonders ärgerlich.

Doch damit nicht genug, hatte er vor zwei Tagen mit einem Umbau begonnen, der nach fachmännischer Einschätzung von Toni die Statik des Hauses in Gefahr bringen würde. Seine Antwort auf die Gesprächsversuche der anderen endete immer eintönig und knapp, er sei Baske aus San Sebastian, und als solcher mache er, was er wolle. Und das war eine Drohung.

Es flossen viele Liter Wein bei Conchi und Toni, bei denen das Problem Nachbar ausführlich – mit gedämpfter Stimme und im Haus – erläutert wurde. Ich will nicht behaupten, dass der Spanier an sich friedliebend sei, die Geschichte spricht auch von anderem, doch die Menschen, denen ich begegnete, machten auf mich immer den Eindruck, dass sie sich leidenschaftlich verbal verausgabten und körperlich ein gewisses Phlegma pflegten. Außer es ging um Liebe, da konnten auch Fäuste geballt und Messer geschliffen werden.

Hier muss man allerdings noch einfügen, dass die Aussage, er sei Baske, nur deshalb so einen Nachhall im *Palacio* hatte, weil jeder Region in Spanien ein bestimmter Menschentypus zugeschrieben wird. Und die Basken galten zum einen als gute Köche und zum anderen als Streithähne.

Was mich aber am meisten verwunderte, war die Tatsache, mit welcher Emphase man Strategien und Pläne schmiedete, die am nächsten Tag so viel beachtet wurden wie eine alte Zeitung. Ich brauchte lange, bis ich verstand, dass Unterhaltungen nicht in erster Linie dem Zweck dienten, zu einem Ergebnis zu führen, auf das man dann Handlungen folgen ließ. Nein, sie waren pure Unterhaltung, eine Art Musik und Volkstheater. Und in jeder Aufführung gab es verschiedene Rollen. Manche beherrschten dies bis zur Perfektion, das waren dann die Solisten, und die anderen, die nicht so Begabten, waren eine Art Chor, die Geräuschkulisse.

Das erinnerte mich an Szenen in der „Insel des zweiten Gesichts", etwa die, in der Thelen die literarischen Lesungen auf den Mehlsäcken eines Bäckers, der eigentlich Lehrer war, schilderte. Mehr als siebzig Jahre waren vergangen, und doch erkannte ich an solchen Abenden den von Thelen beschriebenen Menschenschlag wieder. Es war die Freude am Parlieren, an der Kunst des Zeitpassierenlassens, es war ein Tanz, bei dem nicht die Inhalte zählten, sondern einzig die Form. Ich will nicht verheimlichen, dass mir manchmal unter den vielen Worten schwindlig wurde. Sie wirbelten durcheinander, legten sich übereinander wie Melodien frei improvisierter Konzerte. Ich kam selten dazu, einen Gedanken zu Ende zu sprechen. Meist fiel meinem Gegenüber schon nach der Hälfte des gesprochenen Satzes etwas ein, was er gleich mitteilen musste. Man redete gerne gleichzeitig, hob dabei ständig die Stimme, bis einer nach einem „si, si, asi lo es – ja, ja, so ist es" verstummte. Dann folgte eine Atempause, bis das Duell von neuem begann. Es war kein Streit, nein, kein Hahnenkampf und auch nicht das blutige Spiel mit den Stieren, obwohl die Formen der Sätze mich durchaus an die Bewegungen der Toreros erinnerten. Es war ihre ureigenste Form sich auszutauschen, eine Art Tanz, den ich nicht beherrschte.

Einmal sah ich es ganz deutlich. Wir waren sieben. Conchi, Toni, José, eine Schulfreundin von Conchi namens Magda, ein Bekannter von Toni, Manuel, Theaterregisseur, Feuilletonist, und seine Frau, eine graziöse Französin mit schwarzen, melancholischen Augen. Sie saß wie ich stumm, während die Männer über ihre tollkühnsten Jugenderlebnisse sprachen und Conchi ihrer Freundin Magda von einer Bekannten erzählte, die viele Jahre wie ein Fantasma verschwunden und nun strahlend wie eine Königin zurückgekommen war.

„Stell dir vor", sagte Conchi, „schöner und leuchtender als ..."

„Ist sie damals nicht mit dem Amerikaner, dem Sohn des ..."

„... zuvor, sie war ja schon immer ..."

„... der Schriftstellerin, weißt du, wen ich meine."

„Sie war immer die Schönste von uns allen, mit ihrer weißen Haut, wie diese Puppen. Aber jetzt ... Du meinst die Amerikanerin, die mit einer Frau lebte?"

„... die hier lebten, Künstlerinnen ... sie war wie ihre Mutter ... lebt sie eigentlich noch?"

„Möchtest du noch, Wein? Si, si, ihre Mutter, der Vater war so ein ..."

„Nein. Ich nicht mehr, danke, mein Kopf."

Das waren die Dialoge der Frauen, die sich mit denen der Männer kreuzten. Die Französin und ich schauten uns stirnrunzelnd an. Ob sie das Gleiche dachte? Ich fragte sie, wann sie das letzte Mal zu Hause war, sie antwortete etwas, wobei sie die Lider langsam hob und wieder senkte, aber ich verstand sie nicht und überlegte, dass wir doch einfach die Plätze wechseln könnten, als sie José, der neben mir saß, genau das vorschlug. Er starrte sie an, als hätte sie ihn gebeten, ihr sein Boot zu schenken, und sagte: „No! No esperes que me separe de mi niña!",[2] dabei umarmte er mich so plötzlich, dass das Glas, was ich vor mir hielt, kippte und Rotwein auf mein T-Shirt tropfte.

Wir erlebten auch Momente der Stille, José und ich. Wenn wir baden gingen. Er zeigte mir seine Geheimplätze. Einer befindet sich in Enderrocat, dort beobachtete er eine Kormoran-Sippe und übte Klarinette. Östlich von Palma, hinter Arenal erstreckt sich ein gänzlich unbebauter Küstenstreifen, früher gehörte er dem Militär, heute ist er in den Händen eines Privatiers, der immer wieder vergeblich versucht, das Gebiet zu sichern. Mehrere Kilometer schroffe Küste, grauer, vom Wasser ausgehöhlter Kalksandstein, in dem es ein weit verzweigtes Tunnelsystem gibt. Hinter distelüberwucherten Wiesen und Mastixsträuchern stehen die Stümpfe von Bunkern. Wir gingen durch ein altes Holztor, das man etwas anheben musste, um es zu öffnen, dann über die Wiesen bis zu einem Stacheldrahtzaun, den man an seinem Ende über einem abfallenden Felsen umklettern musste. Von dort liefen wir bis zu einem drei Meter breiten Graben, in den wir hinuntersprangen und uns wieder hochzogen. Früher hatten die Militärs hier einen provisorischen Hafen gebaut. An den nicht urbanisierten Küstenstreifen Mallorcas findet man überall Spuren der Militärbasis, die die Insel in Francos Zeiten war. Als er im Juli 1936 gegen die Republik putschte, besetzte er von Marokko kommend Mallorca, ließ in einer grausigen Welle des Terrors jeden des Widerstandes Verdächtigen hinrichten, überspannte die Insel mit einem eng geknüpften Netz aus Angst, Erpressung und Verrat. Von Mallorca wurden die republikanischen Gebiete mit Bombern angeflogen und mit Kriegsschiffen angegriffen, so dass Mallorca in der Erinnerung als faschistisch wahrgenommen wird. Bis sich, vor nicht allzu langer Zeit, die Nachkommen der republikanischen Mallorquiner zu Wort meldeten. Erst seit wenigen Jahren dürfen die noch Lebenden sich öffentlich erinnern.

Einen Kilometer weiter stiegen wir an einer Stelle, die man von oben nicht erkennen konnte, hinunter. Es gab Kerben, in die man greifen konnte, und gehauene Stufen, die uns als Treppe dienten. Die schwierigste Stelle war der Bauch des Felsens, wo man über einem steinigen, steilen Abgrund über dem Meer herumhangeln musste, einen Fehltritt würde man nur durch ein Wunder überleben. Es schauderte mich jedes Mal. José zeigte mir, wo ich mich festhalten und hintreten sollte. Es war wie eine breite Umarmung, bei der mir – angesichts der Tiefe, in die man fallen konnte – der Atem stockte. Doch ich lernte, dass das Überwinden der Angst eine Frage der Konzentration ist.

Auf der anderen Seite angelangt, waren wir in einer Art halboffenen Höhle, die über natürliche Terrassen zum Meer führte. Wir zogen uns aus und gingen hinunter. Der Wind rauschte, streichelte das Meer, das gegen die Steine klatschte und manchmal spuckte, sein Grund war dunkles Blau. Um nicht auf Seeigel zu treten, musste man springen. José befeuchtete seine und meine Taucherbrillen, reichte mir einen Schnorchel und sprang.

„Komm, es ist herrlich!", munterte er mich auf. In seinem Gesicht glitzerten Tropfen. Ich sprang. Er gab mir die Brille und zeigte mir, wie ich den Schnorchel darunter klemmen sollte. Ich steckte den Kopf unter Wasser, hielt instinktiv die Luft an und kämpfte gegen aufsteigende Panik. Atmen! Ganz einfach atmen!, sagte ich mir. José tauchte ohne Flasche, viele Meter tief und, wie ich fand, immer etwas zu lange. Ich war jedes Mal erleichtert, wenn er sich schwerelos wieder hochgleiten ließ. Er zeigte mir rote Seesterne, Tintenfische in ihren Verstecken, Muränen, während ich praktisch an der Decke schwebte. Farne wogten, Fische zupften daran und vollführten einen harmonischen Tanz. Ich sah Korallen, berührte die Stacheln der Seeigel, sah verlorene Anker und einmal auch eine aufgeschlagene Urne. Es waren die schönsten und zugleich am wenigsten erwarteten Eindrücke, die ich von Mallorca gewann. Sie offenbarten mir eine Stimmigkeit, die ich nicht mal hinter dem Horizont vermutet hatte.

Meine Schüler wurden in der Hitze träge. Immer häufiger sagten sie kurzfristig ab oder saßen gedankenverloren auf meiner Ottomane, so dass ich mir eingestehen musste, dass der Sommer eine schlechte Zeit für freiwilliges Lernen war.

Das Geld, das ich zur Verfügung hatte, wurde wieder bedrohlich wenig, und ich musste mich entscheiden, ob ich die Versicherung zahlte, das Telefon oder die Miete. Lola schüttelte den Kopf, als ich über meine finanzielle Situation klagte. „Aber ich verstehe das nicht, Arbeit für Deutsche, die Spanisch können, gibt es im Sommer so ...", sie machte eine Geste, bei der die Daumen, Zeige- und Mittelfinger nach oben gehalten und zusammengeklopft werden, was „un montón", also „einen Berg viel" bedeutet.

Aber ich tat mich mit der Entscheidung schwer. Ein fester Job im Hotelwesen? Oder in einer Bar?

Gegen die Einwände meiner Umgebung wollte ich die Hoffnung nicht aufgeben, dass mir im Sommer das ein oder andere Thema als Reportage noch in Auftrag gegeben würde. Vielleicht würde man mich auch mal aufs Festland schicken, schließlich war ich näher dran als die Kollegen in Deutschland, und ich beherrschte die Sprache. Diese Hoffnung aber stellte sich als eine Illusion heraus. Zum einen saßen auf dem Festland die Korrespondenten, zum anderen schien jemand, der auf Mallorca lebte, gänzlich ungeeignet zu sein, über anderes zu berichten als den Sommer, den Immobilienmarkt, über Prominente, Rentner und vielleicht noch die eine oder andere crime-story. So muss ich mir im Nachhinein eingestehen, dass ich zwar an einem der schönsten Plätze war, beruflich aber deplatziert. Zwar werden auf der Insel einige internationale Ausgaben von Zeitungen gedruckt und über den Flughafen Palma, einen der größten Umsteigeflughafen Europas, überall in der Welt verteilt, aber gemacht werden die Nachrichten woanders, nämlich in den Metropolen.

José sprach dann aus, was ich dachte: Bei meinen regelmäßigen Ausgaben, die ich nun einmal hatte, brauchte ich regelmäßige Einnahmen. Anders gehe das eben nicht, da müsse jeder durch, sagte er im strengen Ton und brachte mir eine Anzeige aus dem Diario de Mallorca mit. „Renommierte Sprachschule sucht einen Lehrer für Deutsch, Muttersprachler, Vollzeit, mit Erfahrungen, ab sofort."

Schon am nächsten Morgen saß ich einer deutschen Beatrice mit wasserstoffblonden Haaren gegenüber. Sie musterte mich mit ihren blauen Augen freundlich. Ich erzählte ihr meine Geschichte des Jobs, für den ich auf die Insel gekommen war und der innerhalb eines halben Jahres nur noch als nicht eingelöster Schuldschein existierte. „Ich bin fast dreißig Jahre hier", sie lächelte überlegen, „und muss dir sagen: Das ist kein Einzelfall. Immer wieder höre ich solche Geschichten. Hier aber bist du in einem sicheren Hafen, die Chefin zahlt zwar nicht viel, aber regelmäßig."

Auch das hatte ich schon mal so ähnlich gehört. Trotzdem, das geschäftige Treiben auf dem Flur, von dem zahlreiche Übungsräume abgingen, das Wirrwarr französischer, englischer, spanischer, mallorquinischer, deutscher Worte, die ich hörte, der Empfang – irgendwie erschien mir das als willkommene Abwechslung zu meinem in letzter Zeit doch eher einsamen Arbeiten.

Mein brüchiger Lebenslauf passte ebenso wie die Antworten, die ich auf psychologisch motivierte Fragen gab. Das linguistische Examen schaffte ich zwar nicht mit Bravour, aber mit einem Genügend. Dann wurde ich zur zweiten Instanz gereicht: Jean. Ein hochgewachsener Franzose um die fünfzig mit einem graumelierten Vogelkopf, der Gerente. Er war der Mann der Finanzen.

„Gut, du möchtest also bei uns anfangen. Das freut mich sehr", sagte er mit dem bestechenden Akzent der Franzosen. „Dann füll das doch bitte aus."

Er reichte mir einen Bogen mit allen möglichen Fragen zu Steuern, Abschlüssen, Erfahrungen, die ich gewissenhaft beantwortete, während er mit verschränkten Armen und seinem nicht versiegenden Lächeln danebensaß. Nur bei der Unterschrift zögerte ich.

„Und wie ist das eigentlich mit dem Verdienst?"

„1050 Euro."

„Netto?" Hubert hatte gesagt, dass man in Spanien immer Netto verhandle, weil die Abgaben an das Finanzamt ja sehr viel geringer sind als in Deutschland.

„Nein, brutto", sagte der Franzose. „Das sind dann ...", seine schmalen Finger flitzten über einen Taschenrechner. „Du bist ledig, keine Kinder?" Er schaute mich über den Brillenrand an, noch immer lächelnd.

„Nein, keine Kinder, nicht verheiratet."

„880. Nach drei Monaten gibt es eine Erhöhung, ganz von alleine, automatisch, dann kommst du auf 920."

Das war nicht viel, aber ich rechnete ja auch damit, weiter Artikel schreiben zu können.

„Und wie viele Stunden?", fragte ich.

„34 Wochenstunden."

Ich schluckte.

„Viermal sieben Stunden und einmal sechs?"

„Richtig."

„Das ist eine Menge. Reine Unterrichtsstunden?"

„Ja, reiner Unterricht. Das mit der Vorbereitung brauchst du nach einer gewissen Zeit ja nicht mehr. Das ist übrigens Standard an den Schulen."

Keine zu schnelle Entscheidung, mahnte ich mich.

„Ich muss noch überlegen."

„Wir brauchen aber eine Lehrerin ab sofort, das stand so auch in der Anzeige."

„Trotzdem", sagte ich bestimmt. „Ich muss darüber nachdenken, eine Woche."

„Das ist zu lange, es gibt auch noch andere Bewerber, du musst das verstehen. Bis Montag kann ich dir Zeit geben. Ein neuer Kurs beginnt, den müssen wir besetzen."

„Gut, bis Montag, ich melde mich."

Dann kam die Sommersonnenwende. Catalina, Lola, Conchi, Conchis Freundin, Magda, Adela, die Sängerin, die mich bei der Baronin untergebracht hatte, alle Frauen redeten seit Tagen von nichts anderem. Sie erzählten, dass es ein magisches Fest sei, vorchristlichen Ursprungs, bei dem man drei Dinge, die man in seinem Leben nicht mehr haben wollte, aufschrieb und den Zettel im Feuer verbrannte, und dass man um Mitternacht im Meer badete. Das wollte ich sehen. Unbedingt. José nörgelte. „So ein Schwachsinn, Menschenmassen am Strand." Wir hatten unseren ersten handfesten Streit. Nicht weil ich ihn überreden wollte, etwas zu machen, worauf er keine Lust hatte; ich wäre auch allein hingegangen. Er schimpfte, was ich auf solch einem Volksbesäufnis wolle, und überhaupt, ob ich nicht andere Probleme zu lösen hätte. Ich ging, zweigestimmt, wütend und traurig zugleich, und holte Lola, die nun doch eine Liaison mit dem mallorquinischen Verehrer Gabriel eingegangen war, mit Josés Auto ab. Wir fuhren nach Portixol. Dort sollten wir die anderen treffen. Lola schwieg während der Fahrt, was ich von ihr gar nicht kannte. Eigentlich wollte auch Catalina kommen, doch sie rief an und klagte über Kopfschmerzen, was ihr die Fahrt nach Palma unmöglich machte.

„War ja klar", kommentierte Lola Catalinas Absage. „Garantiert geht sie auf eine Feier, wo nur Mallorquiner sind."

„Quatsch, wie kommst du denn darauf?"

„Weil sie lieber unter sich sind."

„Das stimmt nicht", sagte ich. „Wo ist eigentlich Gabriel?"

„Sag ich dir doch, die Mallorquiner sind lieber unter sich, jemand wie ich ist ihnen peinlich. Ich rede zu laut", sagte sie mit schriller Stimme. „Ich bin ihnen zu ordinär, me ca... en la madre que me parrió – ich sch... auf die Mutter, die mich geboren hat! – Verdammt, ich habe mein Handy vergessen.

163

Warum bin ich nur immer so schusselig." Sie suchte aufgeregt in ihrer Tasche. „Und den Bikini auch."

„Was ist los, Lola?"

„Nichts, was soll sein? Was ist eigentlich mit José, wo ist der überhaupt?"

Ich erzählte ihr, dass wir uns gestritten hatten und dass ich es komisch fand, dass er so ausgeflippt war.

„Das ist Eifersucht. Wir Forasters sind eben so. Nicht so *soso* – so fad; wir sind leidenschaftlich."

Wir stellten das Auto in Call d'en Rebassa ab,[3] weil wir in Portixol keinen Parkplatz fanden, so mussten wir zwei Kilometer zu Fuß gehen. „Aber Conchi", sagte ich, „ist auch Mallorquinerin, und ihre Freundin Magda und Adela, und sie sind nicht so."

„Meinst du?"

In Gruppen saßen die Menschen auf Decken, manche hatten ihre Plätze mit Kerzen, Muscheln und Steinen umrandet. In Kühltaschen lagerten Getränke und Würste. Grills standen im Sand. Kinder, Erwachsene, Jugendliche und ältere Leute, das ganz Volk war in dieser Nacht am Strand. Einige Frauen trugen Badekleidung, andere ein Tuch um die Hüften, viele Männer waren mit kurzen Hosen bekleidet. Manche hatten ein Instrument dabei, andere den Rekorder.

Conchi, ihre Freundin Magda und Adela begrüßten uns überschwänglich. Auch Toni hatte beschlossen, die Sommersonnenwende lieber auf dem Sofa zu verleben, und so waren wir in einer Frauenrunde. Wir tranken Wein und Bier, aßen gegrillte Würste und Kartoffelchips.

Bis um zwölf musste man auf kleine Zettel diese drei Dinge schreiben, von denen man sich in seinem Leben trennen wollte, dann wurden sie um Mitternacht ins Feuer geworfen. Man darf sie natürlich nicht verraten, sonst blieben sie bei einem. Danach ging man baden, in Bikini, Unterhose oder nackt. Hauptsache, man lief rückwärts ins Wasser, in dem entzündete Teelichter und Rosenblüten schwammen. Bis in die Morgenstunden saßen wir zusammen. Es war eine wirklich magische Nacht.

Kaum hatte ich mich entschieden, den Job als Deutschlehrerin anzunehmen, klingelte mein Handy.

Ein Reporter war dran, der meinen Beitrag über die deutschen Obdachlosen gelesen hatte und eine Notiz in einer Zeitung, die von mysteriösen Einbrüchen in deutschen Villensiedlung auf Mallorca berichtete. Der Reporter, der Holger hieß und für das deutsche Fernsehen arbeitete, wollte darüber gerne einen Beitrag machen. Nur bräuchte er jemanden, der die Geschichte zunächst recherchierte und, falls sie umsetzbar war, den Dreh vorbereite. Ob ich das machen wolle, fragte er mich. Das Honorar klang verlockend. Nach zwei Tagen Recherche sollte klar sein, ob es zu Dreharbeiten kommen würde. Das war genau das Wochenende vor dem Montag, an dem ich definitiv Bescheid sagen wollte. Ich willigte ein und ließ mir alle Informationen zuschicken.

Anmerkungen zum Juni

[1] *Escritura* ist der Eintrag von Immobilien im Grundbuch.
[2] „Nein, ich trenne mich nicht von meinem Kind." *Niña* werden aber eben auch Menschen genannt, die man sehr gerne hat.
[3] Call d'en Rebassa befindet sich östlich hinter Es Molinar, also zwischen Palma und Arenal.

Juli

Das weisse, blickdichte Eisentor öffnete sich automatisch, so dass wir ohne anzuhalten auf den knirschenden Kieselsteinweg fuhren. Ob eine Kamera uns beobachtet hatte oder ob der Wachdienst, der uns zum Anwesen Leistner geleitete, uns angekündigt hatte? Wir stellten das Auto auf einen Parkplatz, der von großen Hibiskussträuchern umrandet und von Bougainvillea überdacht war. Ein palmengesäumter Weg führte an einem Pool vorbei zum Herrenhaus, das granatapfelrot schimmerte. Eine blonde Frau, etwas um die sechzig, komplett in Weiß gekleidet, kam auf uns zu. Im Gefolge hatte sie einen Tross von Katzen.

„Die Polizei war heute Morgen noch mal da", sagte Brigitte Leistner kaum, dass sie uns begrüßt hatte, dabei krempelte sie die Ärmel ihres weißen, knielangen Hemdes hoch, als wollte sie gleich loslegen. Sie hatte die beneidenswert frische Bräune des Mittelmeers und strahlte eine Spannkraft aus, angesichts derer ich mich fühlte wie ein ausgewrungenes Handtuch. „Haben Sie die etwa informiert?", fragte sie mit einem herrischen Unterton.

„Dass wir herkommen?", gab ich zurück.

„Nein, dass ich mich an die deutschen Medien gewendet habe?"

Holger, der Fernsehreporter aus Berlin, packte unbeeindruckt die Kamera aus und betrachtete die parkähnliche Anlage.

„Das ist übrigens Holger Senft aus Berlin, er wird das Interview machen", stellte ich ihn vor.

Sie nickte ihm zu, ohne ihn weiter zu beachten. Die Hierarchie hatte sie jedenfalls falsch verstanden, aber Holger gehörte zu den Menschen, denen so etwas gleichgültig war.

„Wir hatten ein Interview mit dem Chef der Policia nacional, er spricht von einem Sachwert etwa um eine Million, was die Bande in diesem Jahr allein in Son Vida geraubt hat", erklärte ich.

„Tatsächlich?" Sie streichelte einen rot getigerten Kater, der um ihre Beine herumstrich, und nahm dann eine weiße Perserkatze auf den Arm. „Mischu", sagte sie und küsste sie auf die Nase, ehe sie sie wieder absetzte.

Der Juli hatte die Hitze gebracht, bei der man sich eigentlich nicht bewegen mochte. Es war über 35 Grad und sehr feucht. Doch hier oben herrschte irgendwie ein anderes Klima, eine frische Brise wehte vom Meer.

„Deshalb wird sie also plötzlich so rührig, die Polizei", sagte sie. „Vorher haben sie sich nämlich überhaupt nicht gekümmert. Nichts, keine Fotos, keine Spurensicherung, gar nichts. Ich bin nicht mal richtig befragt worden, nur auf Englisch, na Sie wissen ja, wie die so Englisch sprechen. Da arbeitet ja jeder Steuerfahnder genauer. Aber so ist das auf der Insel. Leben Sie denn nicht auf Mallorca?", fragte sie mich.

„Ja, ich schon, Holger Senft lebt in Berlin."

Holger nickte zum Zeichen, dass wir startklar waren. Er hatte Kamera und Stativ in der Hand.

„Dafür sind Sie aber ganz schön blass, mein Kind." Brigitte Leistner tätschelte meinen Arm. „Na, dann wissen Sie ja wenigstens, wie das hier läuft. Kommen Sie."

Sie war die Witwe eines deutschen Industriellen und unsere letzte Hoffnung – besser gesagt: meine. Denn Holger würde vielleicht enttäuscht abreisen, wenn aus unserem Beitrag nichts würde, ich aber wäre ruiniert. Ich hatte alles auf eine Karte gesetzt, den Job an der Schule abgesagt, was José überhaupt nicht verstanden hatte, und mich ganz auf diese

Recherche gestürzt. Es war mein erster Fernsehbeitrag, und wenn uns der gut gelingen würde, könnte man im Sommer sicher noch viele andere machen.

Natürlich hatte alles seinen Preis. Es war keine bequeme Arbeit, wir waren tagelang erfolglos durch die Straßen gezogen, die Redaktion im Nacken, die jede Stunde Neuigkeiten hören wollte. Doch als wir das Tor zur Leistner-Villa passierten, war jede Mühe vergessen, all die Stunden, die wir in der glühenden Julisonne von Pontius zu Pilatus gelaufen waren. Wie Straßenverkäufer hatten wir an kameraüberwachten Toren geklingelt, wurden vom Personal abgewimmelt, manchmal beschimpft. Wir lauerten Bewohnern auf, die irgendwann mal aus ihren mächtigen Villen herauskommen mussten, versuchten sie anzuhalten, wurden ignoriert, manchmal fast umgefahren. Dann aber, wenn jemand mit uns sprach, dann erzählte man uns von den Einbrüchen, den mysteriösen. Man wusste, wen es erwischt hatte, schauderte bei der Vorstellung, der Nächste zu sein, der nachts, während er schlief, ausgeraubt würde. Gerüchte von einem eingesetzten Betäubungsmittel kursierten, von einer paramilitärisch organisierten Verbrecherbande. Doch keiner war bereit, uns das vor laufender Kamera zu erzählen.

Brigitte Leistner hatten wir nach vielem Suchen gefunden. Sie verband drei Eigenschaften, die wir brauchten, um unseren Beitrag doch noch sendefähig zu machen: sie war betroffen, sehr vermögend und scheute nicht das Licht der Öffentlichkeit. Sie war Mitglied im Lions Club und eine fanatische Tierschützerin.[1]

Wir traten in das herrschaftliche Haus, das angenehm kühl und dunkel war. Über eine riesige Treppe gelangten wir in die zweite Etage, wo sich ein dreißig Quadratmeter großer Salon befand, der mit Kunstwerken und Antiquitäten gefüllt war.

„Hier sind sie reingekommen", Brigitte Leistner zeigte uns zwei kleine mit Kit verschlossene Löcher am Fensterrahmen, dahinter ging es zur überdachten Terrasse.

„Da muss man erst mal hochkommen, schauen Sie! Das sind fünf Meter, bestimmt, und die Alarmanlage wird nachts angestellt."

„Trotz der Katzen?", fragte ich.

„Ja, sie sind im Haus, wenn ich schlafe."

„Halt", sagte Holger, „das genau wollen wir aufnehmen. Sie zeigen uns das hier alles und sagen bitte noch einmal das Gleiche".

„Ja, warum nicht, wenn man mich nicht sieht und nicht zu viel von der Einrichtung."

„Nein, das geht nicht. Ich muss Sie schon im Bild haben."

„Ich will ja nicht noch mehr Verbrecher anlocken. Wissen Sie, welche Werte hier stehen?"

Holger schaute mich mit einem ausdruckslosen Gesicht an, das nichts Gutes bedeutete. Wahrscheinlich würde er gleich abbauen.

„Wir brauchen aber Bilder, so ist das nun mal beim Fernsehen, bitte", versuchte ich es noch einmal.

Sie überlegte, während sie ihre große Brille, die nicht zu ihrem sportlichen Aussehen passte, mehrmals auf- und absetzte.

„Gut", sagte sie, „unter einer Bedingung: Sie erwähnen die Aktivitäten des Lions Clubs. Wir starten gerade eine Kampagne, um hilfsbedürftige Deutsche auf der Insel zu unterstützen."

Die rüstige Industriellenwitwe machte ihre Sache perfekt. Mit einer Dramatik, die nicht gespielt war, erzählte sie uns Schritt für Schritt die Geschehnisse am Morgen. Nach einem ungewöhnlich festen, ja traumlosen Schlaf war sie erst gegen zehn erwacht, tastete nach ihrer Brille auf dem Nachttisch und fand sie nicht. Sie fühlte sich matt und sah erst nach zwei Tassen Kaffee, als sie die Katzen, die ebenso müde auf den Sofas lagen, auf die Terrasse lassen wollte, die Holzspäne. „Hier", sie zeigte auf die kleinen Löcher im Fensterrahmen.

„Gut, und was haben die Einbrecher mitgenommen?", fragte Holger.

„Geld, Schmuck, meine Brille, eine Cartier, alles Werte, die keinen Namen haben und leicht zu transportieren sind. Das ist ihre Strategie: Keiner hört sie, keiner sieht sie, sie kommen über die Berge, nachts, überwinden Felsen, Mauern, Sicherheitsanlagen und manipulieren die Alarmanlagen. Das sind keine gewöhnlichen Einbrecher, das ist das organisierte Verbrechen. Die benutzen Schlafgas, das sage ich Ihnen ..." Sie hatte rote Wangen bekommen.

Holger schwenkte mit der Kamera den Raum ab, dann auf die Terrasse, das tief abfallende Tal, hinüber bis auf die andere Seite, dort, wo der Wald dicht war und dahinter das Meer friedlich in der Sommerhitze glitzerte.

„Sind wir fertig?", fragte sie. „Mir ist da noch etwas eingefallen."

„Wir machen noch ein paar Aufnahmen draußen, dann sind wir durch."

Sie suchte auf dem Schreibtisch einen Zettel. „Ruft den mal an, Lutz, der ist auch bei den Lions, hat sein Haus mit zig Kameras ausgestattet, und wenn ich das richtig verstanden habe, sind sie bei ihm auch eingebrochen, und er hat das alles aufgenommen."

Lutz trafen wir in Porto Portals auf seiner Elf-Meter-Motoryacht, einer Bavaria. Wer in Portals einen Liegeplatz hat, der hat es geschafft, denn der Hafen ist die Anlegestation der High Society. Anders als die natürlichen Häfen auf Mallorca war er niemals Warenumschlagplatz, sondern entstand in den Dreißigerjahren auf dem Reißbrett mit dem Ziel, Anlegeplatz für die Reichen zu sein. Heute sind hier die Yachten von Schauspielern, Prinzen, Adligen und der internationalen Manager-Liga vertäut. In den Restaurants und Bars kann man die spanische Königsfamilie treffen, Claudia Schiffer, Antonio Banderas, Michael Schuhmacher, Franz Beckenbauer.

„Ihr habt aber Glück", sagte Lutz, als er uns barfuß am Steg seiner Bavaria 50 empfing. „Eigentlich bin ich gar nicht mehr hier." Er kletterte mit dem Lächeln der Siegesbewussten aus der Plicht, reichte mir die Hand, um mir über den schmalen Steg zu helfen, dann gingen wir in die Kajüte, die nüchtern und praktisch eingerichtet war.

Weil der Besitzer einer großen Elektronikfirma auch in Deutschland manchmal wenigstens im Geiste nach Mallorca reisen wollte, hatte er überall Webkameras installiert, rund um sein Haus und an den Mast seiner Yacht. Diese hatte er mit einem System verbunden, das in einer Box 24 Stunden das gefilmte Material aufnahm und mit seinem privaten Netzwerk verbunden war, so dass er jederzeit an jedem Ort sehen konnte, ob eine Möwe auf seiner Yacht saß und der Gärtner seine Arbeit leistete. „Das könnt ihr haben", er wedelte mit einer DVD, „wenn ihr meine Firma erwähnt."

Er hatte den Einbruch live aufgenommen. Auf den Schwarzweißbildern, die von einer Einstellung zur nächsten sprangen, sahen wir gegen drei Uhr morgens einen schlanken Mann, der an der Mauer hockte und spähte. Wenig später kamen zwei andere, einer trug ein Seil und kletterte die Hausfassade hoch. Wir sahen, wie sie in Windeseile das Fenster aufbrachen, einstiegen und gleich wieder herauskamen.

Mit diesem Material, das wir in unseren Filmbeitrag einbauten, und dem Interview landeten wir einen Quotenbrecher. Der Glanz des Reichtums unter der Mittelmeersonne, dazu die Bilder der Nacht bannten die Deutschen in die Fernsehsessel. Wir ernteten Lob, und Holger fuhr nach Berlin, um neue Aufträge an Land zu ziehen. „Bis bald", sagte er, als ich ihn am Flughafen verabschiedete. „Ich glaube, wir werden noch einiges zusammen machen."

Die Zeit war wie im Fluge vergangen, wir waren zehn Tage mit Recherche und Drehen beschäftigt gewesen, ich hatte Geld für zwei Monate verdient und eine Welt gesehen, die ich bis dahin für eine Erfindung gehalten hatte. Reichtum begegnet einem überall auf der Insel, aber so geballt wie in Son Vida, nur wenige Kilometer von meinem Turm entfernt – nein, das hatte ich noch nicht gesehen. Ich wusste nicht, was ich empfand. Ich fühlte mich geblendet. Und fragte mich, wie es sich wohl leben ließ in einer 500-Quadratmeter-Villa hoch über den Bergen. Sie wohnten an einem der schönsten Orte Europas, doch war es nicht trotzdem wie ein Gefängnis, wenn man sich gegen die Umgebung abriegeln musste? Ich freute mich auf die Abende mit meinen spanischen Freunden.

Doch kaum hatte ich richtig ausgeschlafen, hatte ich schon einen neuen Auftrag. Diesmal ging es in die andere Richtung, nach Osten. Dort, wo die Playa de Palma lag, die in Deutschland als Ballermann bekannt ist. Eine deutsche Zeitschrift wollte, dass ich über das Nachtleben berichtete. Einen Streifenwagen eine Nacht lang zu begleiten, dachte ich, wäre ein ganz besonderer Einblick.

„050 para playa cinco", gab Nico, der mir für die Reportage zugeteilte Streifenpolizist, seine Richtung an die Zentrale weiter. Die Dunkelheit war vollkommen, wir fuhren zum Ballermann[2] und damit direkt ins Zentrum des deutschen Amüsiertourismus.

Nico gehörte zu der Sorte Polizisten, die mit ihrem runden Leib, den müden Augenringen und der langsamen Art zu sprechen etwas Vertrauenerweckendes hatten. Anders als seine martialischen Kollegen, die mich in der Polizeistation in Palma San Fernando fast umgerannt hätten, ging er die Sache gemütlich an.

„Aber man liest doch immer wieder von Hütchenspielern, Taschendieben und Schlägereien."

„Ja, die Medien, die bauschen eben gerne auf."

„Ich habe ja gerade in Son Vida gedreht, das mit diesen mysteriösen Einbrüchen." Wir nahmen die Ausfahrt nach Can Pastilla. Hier begann die Amüsiermeile, die man in Deutschland als Ballermann kennt, mit dem *balneario 13*. Über sechs Kilometer zieht sich der feine Sandstrand bis zum Hafen von Arenal, und alle fünfhundert Meter beginnt ein anderer *balneario*.

„Und was ist da?", fragte er, während wir durch die Straßen des Vorortes von Palma fuhren. Ich blickte aus dem Fenster, ob ich einen der obdachlosen Deutschen sah, über die ich eine Reportage gemacht hatte.

„In Son Vida steigt eine Bande in die Villen der Leute ein, während sie schlafen", sagte ich abwesend.

„Reichsein ist eine gefährliche Sache."

Wir waren jetzt auf der Landstraße, die sich hinter den Hotels entlangzieht, und hielten an einer roten Ampel. Da kam eine Frau mit erhobenen Armen auf uns zugerannt. Nico lehnte sich aus dem Fenster.

„Ich bin beklaut worden!", sagte sie aufgeregt.

„What happened? Identity papers? Please, what's your name?", fragte Nico in einem langsam gesprochenen Englisch.

„Spricht denn die Polizei kein Deutsch?", die Frau schaute hilfesuchend zu mir.

Wir stiegen aus, ich dolmetschte. Schon im vergangenen Jahr sei ihr das passiert, sagte der hinzugekommene Ehemann aufgeregt. „Dabei ist sie so vorsichtig." Im Bus hatte sie die Hand ganz fest auf die Tasche gedrückt, weil der Mann einfach zu nah an ihr dranstand. Doch als sie ausstieg, war ein Schlitz in der Tasche, das Portemonnaie fehlte, darin ihr Pass. „Wie soll ich jetzt nach Deutschland kommen?" Sie begann lautlos zu weinen.

Nico nahm die Personenbeschreibung auf, machte aus einem „südländischen Typen, etwa eins fünfundsiebzig groß, Mitte dreißig" einen „Marokkaner, mittelgroß, jung". Er drückte der Frau ein Formular mit der Vorgangsnummer und Tathergangsbeschreibung in die Hand, mit der sie sich am kommenden Tag in die eigens eingerichtete Tourismus-Polizeistation an der Playa de Palma, am Ballermann 7, begeben sollte. Dort gebe es auch Dolmetscher. Dann orderte uns ein Funkspruch zur Schinkenstraße.

Nico setzte das Blaulicht aufs Dach, die Sirene jaulte, und wir fuhren über die leere Landstraße, bis wir direkt in die Schinkenstraße einbogen. Hier mussten wir langsam durch eine flanierende Menge von sonnenverbrannten, leicht bekleideten Passanten fahren, die nun, zu fortgeschrittener Stunde, nur noch eines wollten: feiern bis zum Umfallen.

Zweihundert Hotels befinden sich an der Playa de Palma, überwiegend preiswerter Kategorie, dazwischen Bars, Bierlokale, Diskotheken, Restaurants.

Als wir am Bierkönig anhielten, stand ein Schwarzafrikaner mit gespreizten Beinen an ein Polizeiauto gelehnt. Nico streifte sich die Handschuhe über und sprang mit einem Schwung aus dem Wagen, den ich bis dahin an ihm noch nicht bemerkt hatte. Sein Kollege mit Handschellen und einem Schlagstock am Gürtel winkte ab, „tranquilo compañero", sagte er, „ruhig, Kollege", und hielt ihm die Aufenthaltsgenehmigung des Senegalesen entgegen: „Seine Papiere sind in Ordnung." Der Senegalese, einer von hundert Straßenverkäufern, die mit Uhren, Schmuck und raubkopierten CDs um den Körper geschnallt durch die Straße zogen, wurde mit einer Strafe von 180 Euro belegt und des Platzes verwiesen.

„Zahlen kann der die sowieso nicht", sagte Nico. Wir stiegen wieder ein.

„Wir können die Kriminalität nicht bekämpfen", erklärte er, „wir können nur versuchen, sie zu vertreiben."

„Aber wohin vertreiben?", fragte ich.

„Das gehört zu den Fragen, die ich nicht beantworten kann. Mallorca hat eben den Ruf, reich zu sein, Arbeit gebe es hier wie Sand am Meer, und jeder Immigrant, der nach Spanien kommt, versucht, auf die Insel zu kommen."

Wir fuhren in der ersten Linie entlang, links das Meer und rechts die Hotels. Er zeigte auf eine Tordurchfahrt, in der gelbes Licht flackerte. „Da stehen sie nachts."

„Wer?"

„Na, die schwarzen Pferdchen."

„Wer ist das?"

„Kennst du den Ausdruck nicht?"

Ich schüttelte den Kopf.

„Das sind die schwarzen, na du weißt schon ... die leichten Mädchen."

„Prostituierte?"

„Ja. Und hier erledigen sie ihre Dienste." Er zeigte auf den breiten, friedlich daliegenden Sandstrand am Meer, das vom Levante-Wind gestreichelt wurde und in dem sich in tausend tanzenden Punkten der Mond widerspiegelte. Zwischen den aufeinandergestellten Liegen und den zusammengeklappten Schirmen sah man hier und dort Menschen sitzen.

„Die Prostituierten?"

„Ja, aber erst nach Mitternacht, dann sind die Freier so betrunken, dass der Zuhälter ihnen, wenn sie genug abgelenkt sind, die Geldbörse aus der Tasche zieht."

„Zentrale an 050", knarrte es im Funkgerät, „Einsatz am Balneario sieben, Schlägerei."

„Okay, 050 ist unterwegs." Wir fuhren mit Blaulicht und Vollgas zum nächsten Einsatz.

Andere Polizeikräfte waren bereits vor Ort, hielten mit Schlagstöcken die aufgebrachte Menge in Schach, die mit Bierkrügen und Cocktails in der Hand wütend schimpfte. In der Mitte stand unter einem Laternenpfahl ein Mann mit nach außen gedrehten Hosentaschen, er wurde von einem Polizisten abgetastet, seine Beine zitterten. „Diebstahl", erzählte uns Nicos Kollege. Ein Mann in stark alkoholisiertem Zustand schrie: „Der hat die Frau beklaut!" Ein anderer: „Wir Deutschen halten zusammen!" Die Stimmung war aufgeheizt, der Mann wurde festgenommen und fünfhundert Meter weiter wieder entlassen.

„Er hat einen festen Wohnsitz, und der Wert des Diebesgutes liegt unter zweihundert Euro, das ist ein Vergehen und kein Verbrechen. Wir müssen ihn freilassen, aber wenn wir das vor der aufgebrachten Menge tun, wird er womöglich noch gelyncht."

Wir fuhren wieder auf die Meerespromenade, Nico schaltete das Scheinwerferlicht aus.

„Dort", er zeigte in die Dunkelheit, wo auf der Liege ein einzelner Mann saß. „Das könnte einer sein." Ich folgte Nico, der sich mit einer Taschenlampe bewaffnet hatte und von hinten auf den Mann zuging. Jetzt sahen wir, dass er ein Pärchen beobachtete, das sich hinter aufgestapelten Liegen liebte. „Das ist garantiert ein Taschendieb oder ein Zuhälter, wahrscheinlich beides", flüsterte Nico, vom Jagdfieber erfasst.

Doch die Passkontrolle wies ihn als Deutschen aus, und Nico ordnete ihn deshalb in die Kategorie „Spanner" ein. Was nicht geahndet wird. Doch der Mann verschwand. „Siehst du, das ist unsere Aufgabe, wir müssen mit unserer Präsenz versuchen, die Kriminellen zu vertreiben, mehr können wir nicht tun."

Es war zwei Uhr. Langsam brachte die fortgeschrittene Stunde Ruhe über die Playa. Immer länger wurden die Abstände zwischen den Bars, aus denen Musik noch dröhnte, immer kleiner und stiller die Gruppen, die durch die Straßen zogen.

„Das ist die Zeit der Prostituierten", sagte Nico. „Die meisten sind Nigerianerinnen, und weil die Prostitution in Spanien nicht verboten ist, können sie nur belangt werden, wenn sie keine gültige Aufenthaltsgenehmigung haben. Wenn es nach mir ginge, würde ich die Zuhälterei bestrafen und auch die Freier", sagte Nico. „Die Mädchen tun mir leid."

Wir fuhren an dunklen Hauseingängen vorbei, an schmalen Schluchten zwischen den Hotels, sahen eine Gruppe Frauen in den nahe gelegenen Park flüchten. Nur eine blieb auf den Steinen sitzen.

„Die habe ich noch nie gesehen, sie muss neu sein." Er streifte sich die Handschuhe über, sprang aus dem Wagen, die Frau ließ sich nicht aus der Ruhe bringen.

„Was machst du hier", fragte er sie.

„Ich warte auf meinen Freund", antwortete sie auf Spanisch mit osteuropäischem Akzent.

Der Polizist forderte sie auf, ihre Handtasche zu öffnen. Nico holte zwei Pakete Kondome raus. „Du wartest nicht auf deinen Freund, sondern auf Freier."

Ihr unruhiger Blick wanderte von dem Polizisten zu mir. Nico betrachtete ihre Ausweispapiere. „Andrea", sagte er, „du kommst aus Polen?" Sie nickte. „Mach dich vom Acker, sonst muss ich dich mitnehmen."

Sie raffte ihre Handtasche zusammen und verschwand mit einem unsicheren Gang in ihren hohen Stiefeln. „Sie hatte kein Visum, ich könnte sie mitnehmen, aber ...", er schaute auf den Boden, wo Scherben, Zigarettenkippen und Müll lagen. „Was meinst du, was mit ihr passiert, wenn ich sie auf die Polizeistation schleppe?"

„Was?"

„Nichts Gutes. Aber komm, es ist Zeit für eine Pause."

Wir fuhren in das alte Zentrum von Arenal, wo die baulichen Reste des ehemaligen Fischerviertels noch zu erkennen waren. In der Bar español saßen am Tresen eine Reihe Männer vor Biergläsern. Taxifahrer, Polizisten und Barkeeper, die, aus welchen Gründen auch immer, noch nicht nach Hause wollten. Sie starrten auf den Fernseher, der über dem Tresen hing und in dem gerade einer der beliebten spanischen Talkrunden lief, in denen sich die Gäste lauthals beschimpften. Das grelle Neonlicht und ein klingelnder Spielautomat erinnerten mich an amerikanische Krimis aus den Siebzigerjahren, wo die müden Kommissare vor dem großen Fall, der ihr Leben verändern wird, immer in so einer Bar ein Bier nehmen.

„Como siempre", fragte der Barmann, „wie immer?"

„Ja", sagte Nico. „Und was möchtest du?"

„Eine Cola."

„Jetzt mal eine Gegenfrage", er packte sein Pausenbrot aus und bot mir von seinen geschälten Apfelstücken an. „Ihr Deutschen habt eine komische Art, Urlaub zu machen. Sich in der Sonne verbrennen, trinken, sich bestehlen lassen, macht das Spaß?"

„Aber das trifft doch nicht auf alle zu. Es sind bestimmte Leute, die herkommen. Man muss es doch auch so sehen, eigentlich ist es doch ganz gut, dass diese Art Tourismus hier konzentriert ist, was wäre denn, wenn sie sich über die ganze Insel verteilen würden?"

Der Barmann brachte ein alkoholfreies Bier für Nico und die Cola für mich.

„Ihr kommt her, esst deutsch, trinkt deutsch, hört deutsche Musik, jetzt sollen wir auch noch Deutsch lernen, als wenn es nichts Wichtigeres gäbe. Wozu fährt man in ein anderes Land, wenn man dann dort alles so haben will wie zu Hause?"

Ein Spielautomat spuckte Geld aus, ein junger Spanier jubelte. „Weil es hier den Strand gibt und das Meer und die Sonne und alles preiswert ist, deshalb. Es ist nun Mal kein Kulturtourismus."

„Ja, wohl nicht", sagte Nico resigniert und fegte mit dem Handrücken Krümel vom Tisch.

„Was wäre denn, wenn alles zusammenbräche und plötzlich keine Deutschen mehr kämen, dann wären hier Tausende arbeitslos."

„Das ist wahr, aber dann würden sich hier einige vielleicht wieder auf das wahre Leben konzentrieren."

Nico bestellte einen *café solo*. „Willst du auch einen?"

„Ja, gerne."

„Aber irgendwie seid ihr schon komisch, ihr Deutschen. Nimm's nicht persönlich, für mich wäre so eine Art Urlaub nichts." Seine Augenringe waren noch dunkler geworden und verliehen ihm einen melancholischen Ausdruck. Er entschuldigte sich und ging mit schleppendem Gang auf die Toilette.

Ich fühlte mich in einer Zwickmühle, aus der ich irgendwie nicht herauskam. Es war genau wie in Berlin, nur mit umgekehrten Vorzeichen. Meine Kollegen und Freunde hatten die Nase gerümpft, als ich sagte, ich ginge nach Mallorca. Nun rümpfte man die Nase, weil ich Deutsche war.

Anmerkungen zum Juli

[1] Der Lions Club Palma wurde im Juni 2005 gegründet. Die meisten Mitglieder sind Deutsche, darunter prominente Inselbewohner und Geschäftsleute. Er gehört zu den Lions Clubs International, deren Ursprünge in den USA liegen. Das Motto heißt: Wir dienen. In der Öffentlichkeit treten sie mit Spendenaktionen auf.

[2] Der Name Ballermann ist eine Schöpfung deutscher, betrunkener Zungen, abgeleitet vom spanischen *balneario*, was einfach Bad heißt. Die Playa de Palma ist in 13 Abschnitte unterteilt, an denen jeweils ein Kiosk mit der jeweiligen Nummer steht. Daher kommen die Bezeichnung Ballermann 5 und 6 usw.

August

DIE DECKE HOB AN, dann wieder kam sie herunter, mein Bild an der Wand schaukelte, näherte sich, und wenn ich ein Detail fixierte, verschwamm es. Alles um mich herum schwankte, mein Bett, der Tisch, die Ottomane und die Regale. Ich wogte wie auf Wellen, herrlich. Und ich hörte noch immer die Gischt gegen den Bug schlagen, den Wind in den Segeln rauschen, sah das Blau, verführerisch am Tag und bedrohlich in der Nacht. Ich hatte *la mar en tierra*, das Meer an Land, der spanische Name für ein Phänomen, das beschrieb, wenn der Körper nach einer Segelfahrt im Innern noch weiter schwankt. Dann spürt man die Härte des Landes, wie kantig es ist auf der Erde, eckig, begrenzt und irgendwie unrhythmisch. Das alles sollte ich verlassen?

Wir hatten morgens gegen sechs Uhr den Anker gelichtet, Kurs 220 Grad, südwestlich. Unser Ziel: Formentera, die kleinste bewohnte Insel der Balearen. Dort hatten in Sechzigerjahren Hippies angelegt und waren geblieben. Als wir die Bucht von Palma verließen, frischte es auf. Möwen begleiteten uns kreischend. Wir zogen mit einem kräftigen Gregal, Nordostwind, mit fünf Knoten hinaus aufs offene Meer. Die „Viola", Josés Holzsegelboot, schwamm wie ein Wal mit den Wellen. Der Himmel war am Morgen schlierig, dann aber, als die Möwen uns verlassen hatten, brach der gelbe Sonnenball durch und schürte seine erbarmungslose Glut. Wir deckten die Plicht ab, so dass ich, die Steuerfrau, im Schatten am „Ruder" saß. Mein Blick wechselte zwischen dem wankenden roten Strich im wassergefüllten Kompass und der blauen Weite, die wie ein ausgebreitetes Tuch vor uns lag. Mittags flaute der Wind ab. Wir warfen den Motor an, was die Delfine rief. Mit ihren grausilbrig schimmernden Rücken begleiteten sie uns eine Weile, bis sie in den Tiefen des Meeres verschwanden, just als sich aus dem Blau die Inselgruppe herausschälte. Braune Punkte zunächst, bis es ein Strich mit Höckern war, die rotbraun in der Sonne schienen. Das war Ibiza. Ich hatte mich stundenlang schweigend darauf konzentriert, das Ruder richtig zu halten, so, wie man es beim Reiten mit den Zügeln macht: Man musste nachgeben und wieder aufnehmen. Dabei kam mir der Gedanke, dass Segeln nicht einfach irgendeine Form des Reisens ist, nein, es ist ein Zustand, in den man sich begibt. Es ist wie Fliegen, was ich ebenso wenig beherrsche und deshalb nur genieße, wenn ich mich hingeben kann, den Elementen und der Person, die navigiert.

Ich tat es, genoss in vollen Zügen, besonders als am Nachmittag der Wind wieder aufkam. Diesmal aber war es Xaloc, der Südostwind, der als Schirokko Eingang in die Literatur gefunden hat. Es ist der Wind, der die Sahara mit sich trägt. Er ist warm und an Land trocken, bringt Sand, der manchmal mit Regenwolken bis nach Paris zieht und den man schmecken kann. Es ist, als stünde man in einem Steinbruch.

José musste „fieren" (Tau nachgeben), um der *mayor*, dem großen Segel, mehr Raum zu geben. Der Kurs hieß jetzt 180 bis 190 Grad, ich schob das Ruder von mir weg, die „Viola" legte sich schräg und zog an.

„Wenn alles gut geht, sind wir vor Einbruch der Dunkelheit in Formentera", sagte José, als er das Manöver vollendet hatte.

Er streckte sich auf der Bank aus, soweit diese es zuließ, legte die Arme unter den Kopf und schloss die Augen.

„Das ist wie Fliegen", sagte ich.

„Ja, es ist einzigartig, wie diese Leere einen füllt. Es ist, als könne man den Himmel atmen. Möchtest du eigentlich auf Mallorca bleiben?"

„Ewig, wenn es nach mir geht. Nein, das stimmt nicht", korrigierte ich mich, „ich hätte es lieber als meinen Hafen."

„Dafür muss man vermögend sein oder alt. Du bist zu jung, um zu verweilen."

„Warum muss man alt oder reich sein, um sein Leben hier zu genießen? Du machst das doch auch!"

„Es hat mich viele Jahre gekostet, harte Arbeit. Das alles hat mir niemand geschenkt."

Komisch, dachte ich. Waren denn meine Schüler keine Arbeit, meine Artikel pure Träumerei und die Recherchen und Drehs reines Vergnügen? Als Journalist im Ausland musste man zwischen zwei Kulturen vermitteln und dazu erst einmal beider Rhythmen erlernen, um sie miteinander zu harmonieren.

„Auf der Insel ist nicht der richtige Platz für das, was du machen willst. Ich habe doch gesehen, wie du bei den Reportagen aufgeblüht bist. Doch die Insel lebt nur im Sommer, im Winter ist sie ein von der Welt vergessener Ort."

„Im Winter aber ist sie authentisch, zeigt ihr wahres Gesicht."

„Ich habe hier doppelt so viel gearbeitet, wie ich es in Madrid hätte tun müssen, habe über Jahre zwei Jobs gemacht, am Tag beim Fernsehen und nachmittags im Hafen, nebenbei noch gebaut, und wenn nicht der Immobilienboom gekommen wäre, hätte ich niemals so günstig verkaufen können, womit ich mir den Palast, wie du ihn nennst, leisten konnte. Doch du wirst weder eine Immobilie ausbauen noch damit handeln. Das ist das Einzige, wovon man auf Mallorca leben kann. Als Journalistin wirst du über Restaurants, Golfplätze und die schwankenden Touristenzahlen berichten, Nachrichten bestenfalls übersetzen, denn die werden woanders gemacht."

„Aber glaubst du nicht, dass es an der Zeit ist, ein anderes Bild von Mallorca zu zeichnen?"

„Mallorca heißt Sommer, Strand, Party und Prominente, das interessiert, und das wird sich nicht ändern. Dieses andere Mallorca existiert, ja, du hast es gesehen. Aber was in den Medien berichtet wird, ist nicht bestimmt von der Realität, sondern davon, was man glaubt, dass es die Zuschauer befriedigt. Wenn du als Spanienkorrespondent arbeiten willst, musst du nach Madrid gehen oder wenigstens nach Barcelona."

„Willst du mich eigentlich loswerden?"

„Nein, ich will nur nicht die Verantwortung dafür tragen, dass du nicht tust, was du tun musst."

Und dann kam eine Flaute, plötzlich. Es wurde still, das Meer bekam eine eigenartige Färbung, violett und grau, als würde es bluten. Der Himmel zog zu. José sprang auf, stellte den Motor an. Dann traf uns eine Böe, die Wellen türmten sich zu kleinen Bergen, so dass wir hart aufschlugen.

„Kurswechsel", schrie er, „geh auf 150 Grad!" Ich zog das Ruder, während er fierte und holte (das Tau anzog) und reffte (das Segel verkleinerte). Die Wellen türmten sich zu immer größeren Bergen. Dann riss das Genua-Segel, peitschte im Wind, das Boot schaukelte, die See schlug über den Bug. José verwies mich in die Kajüte und leinte sich an. Stunden kämpfte er mit den Naturgewalten. Das Unwetter hatte uns zwanzig Seemeilen vor Formentera erwischt. Wir mussten auf hoher See bleiben, weil das Anlaufen eines Hafens bei diesem Wellengang zu gefährlich ist.

Auf Mallorca liegen die Extreme nahe beisammen, es ist, als würde man gegensätzliche Pole aneinanderdrücken. Dazwischen entsteht eine spannungsgeladene Welt, die sich jederzeit ändert. Und doch kann das eine ohne das andere nicht existieren. Der Mallorquiner wäre nicht so sehr Mallorquiner ohne die Fremden. Erst die Charterflüge, die die Massen zum preiswerten Sonnenbaden brachten, ermöglichten, dass sich viele Deutsche hier ihr zweites Zuhause errichteten. Diese wiederum zogen einen ganzen Hofstaat an, der erst die oft beklagte Parallelgesellschaft ermöglichte. So war aus der Insel der Ruhe eine der vielen Realitäten geworden.

Nur die natürlichen Umstände hatten sich nicht verändert: das Licht, die Sonne, die Berge, das Meer.

Wochen hatte ich Catalina nicht erreicht, sie antwortete auf keinen Anruf und auf keine E-Mail. So fuhr ich eines Tages vorbei und traf sie am Mittag mit der Familie im Dunklen. Türen, Fenster, Persianer waren verschlossen, als drohe eine maurische Invasion. Man wartete, bis die Gluthitze ihre Klauen lockerte. Erst am Abend begann das Leben, die Kinder badeten im Swimmingpool und tobten bis in die Nacht, man stellte Stühle, Tische und den Fernseher hinaus. Freunde und Familie kamen, man aß, trank und schwatzte.

„Was möchtest du machen?", fragte mich Catalina.

„Zum Castell de Alaró hochgehen, das wolltest du mir immer mal zeigen."

Wir fuhren um sieben Uhr mit ihrem Geländewagen los, bis zur Hälfte des Weges, dann blieb nur noch der Schotterweg zu Fuß. Er schlängelte sich durch den von der Sonne verdörrten Wald in den Berg, hoch zum Castell de Alaró. Die Insekten lärmten, sägten, surrten und summten.

Ich erzählte ihr von meinen Einblicken in die deutsche Inselwelt und unserem Segeltörn, der im Sturm fast dramatisch geendet hatte.

„Und was ist nun mit euch beiden?", fragte sie.

„Das weiß ich auch nicht so genau. Ich glaube, ich bin ihm zu weltfremd, er traut mir nicht."

„Dann ist er einfach nicht der Richtige. Weißt du, die Spanier heiraten entweder früh oder nie. Ich glaube, er gehört zu der Sorte einsamer Seemann, das wird nichts mit dem."

„Darum geht es doch nicht, ich will doch nicht heiraten."

„Na klar geht es darum, irgendwann musst auch du dich entscheiden."

Der Weg wurde immer steiniger, und die Nacht öffnete ihr Zelt. In Alaró gingen die Lichter an. Das Tal sah aus wie eine mit Pailletten geschmückte Decke.

Catalina lief zügig. Ich kam kaum hinterher.

„Weißt du, was ich dich immer noch fragen wollte", sagte ich atemlos. „Was meintest du eigentlich mit den Irrlichtern?"

Sie blieb stehen und wartete, bis ich auf ihrer Höhe war.

„Hast du das immer noch nicht verstanden?"

„José sagte irgendetwas von Piraten, also Leuten, die Feuer auf dem Land machten, um die Schiffe anzulocken und sie dann zu überfallen."

„Das ist Seemannsgarn", sie lachte. „Gut, nicht ganz, auf Formentera hat man so etwas gemacht, aber auf Mallorca, das glaube ich nicht. Das *fuego fatuo*, auf Mallorquinisch *foc follet*, sind die Irrlichter. Da gibt es mehrere Interpretationen. Willst du sie hören?"

„Na klar."

„Man sagt, sie kommen vom Phosphor und verwesenden Elementen der Erde. Es sind blasse Lichter, die man nachts sieht und im Morgengrauen, besonders auf Friedhöfen und dort, wo es feucht ist. Manche meinen, dass sie vom Zersetzen der Gebeine kommen, und wie du weißt, ist Mallorca ein einziger Friedhof vergangener Kulturen. Doch was wir damit meinen, ist etwas anderes: Es sind die Lichter, die die Fremden verwirren. Man hat sie am Himmel gesehen und über der Erde, manche sprechen von Geistern, andere von Ufos. Ist es dir nie passiert, dass du glaubtest, ein Licht zu sehen, und als du ihm folgtest, verschwand es?"

„Nein."

„Oder dass du eine Person sahst, die dann plötzlich nicht mehr aufzufinden war?"

„Doch. Das ist mir passiert. Es gibt in Palma einen Mann, dem bin ich in wenigen Tagen sehr oft begegnet. Er erinnerte mich an einen Algerier, über den Georg, mein Ex, eine Fotoreportage gemacht hat. Er war wie ein Schatten. Sein schlechtes Gewissen: Georg hat für diese Reportage einen großen Preis bekommen und das Schicksal des Mannes blieb im Unklaren. Vielleicht war er bei der Überfahrt, die Georg ihm bezahlt hatte, ertrunken, vielleicht hat er in Europa sein Glück gefunden. Keiner weiß es. Als ich mich entschlossen hatte, ihn anzusprechen, war er fort. Ich sah ihn nie wieder. Meinst du so etwas?"

„Ja, vielleicht, aber eigentlich glauben wir, dass es die Reflexionen des Lichts der Insel sind. Es ist die Sonne, die so intensiv scheint und sich im Meer tausendfach spiegelt, wenn man das nicht gewohnt ist, verwirrt es. Man glaubt seinen Wünschen ganz nah zu sein und verliert sich, eben so, als liefe man diesen Irrlichtern nach."

„Aber es könnte doch auch sein, dass es wirklich dieser Mann ist. Er war in eines dieser *pateras*[1] gestiegen, die kommen doch in der Zwischenzeit auch nach Mallorca."

„Das kann schon sein. Aber was bedeutet es für dich? Das ist doch die Frage."

„Ich weiß es nicht, ehrlich."

„Wenn wir auf Reisen gehen, nehmen wir unsere Vergangenheit mit, die ungelösten Dinge. Aber erst, wenn es uns gelingt, sie abzustreifen, begegnet uns das andere so, wie es ist, in seiner Essenz. Vielleicht lernt man auch, dass es auf bestimmte Fragen keine Antworten gibt."

Wir waren fast oben. Unter dem sternenklaren Himmel zeichneten sich die Reste der Wehrmauer ab, von Dornensträuchern umwunden. Die steile Treppe über dem Abhang forderte unsere ganze Aufmerksamkeit. Oben setzten wir uns auf ein Plateau, von dem aus man die ganze Insel betrachten konnte.

„Ich habe ein Angebot bekommen aus Berlin, sie bieten mir einen Halbjahresvertrag, sehr gut bezahlt. Was meinst du, soll ich es machen?"

„Wenn es dir Spaß macht, ja. Was ist es denn?"

„In der Produktionsfirma, für die ich die Reportagen gemacht habe, wird Verstärkung in der Recherche gesucht. Es handelt sich um relativ viel Büroarbeit. Mein Gott, ehrlich, ich habe Angst, mich eingesperrt zu fühlen."

„Schau es dir doch wenigstens an, das hier kann dir niemand mehr nehmen. Du nimmst es in deinem Herzen mit und du kannst ja auch jederzeit zurückkommen. In meinem Haus ist für dich immer ein Platz."

Als wir die Schleife über Can Pastilla flogen, hätte ich weinen können, wäre am liebsten ausgestiegen: Da lag mein verträumtes Terreno, der Hafen, die Burg Bellver, ich konnte sogar meinen Turm ausmachen. Nun würde ein anderer (Lebens-)Künstler für eine Weile dort sein Zuhause finden. Wir passierten die Dragonera, die Dracheninsel, die ich nicht besucht hatte, dann ging es weit über das Meer, immer höher, bis die Schiffe in Schaumkronen verschwanden.

Ich hatte wieder einmal eine Entscheidung getroffen. Diesmal halbherziger als vor einem Jahr. Meine Zelte, die es abzubrechen galt, waren kleiner, vielleicht fiel es mir deshalb so schwer. Bei José hatte ich meine Bilder untergestellt und auch einige Sachen, die Taucherbrille, die Wanderschuhe, die ich in Berlin wohl nicht brauchen würde. Wir hatten uns ohne Gram und Versprechen verabschiedet.

Beim Abflug hatte es ein unglaubliches Chaos gegeben, so dass ich versucht war, umzukehren. Was hatte ich hier zwischen den Schlangen der sonnenverbrannten Touristen verloren, die aus dem Urlaub zurück in ihren Alltag flogen!

Die Maschine ging ein paar Meilen runter, um Turbulenzen auszuweichen, wie der Flugkapitän erklärte, das würde unsere Ankunftszeit verzögern. „Aber die gute Nachricht: Der Sommer ist noch nicht zu Ende. In Berlin erwartet Sie herrliches Wetter, 28 Grad und ein klarer Himmel. Ich hoffe, Sie hatten einen erholsamen Urlaub und genießen mit uns den Flug nach Hause."

Aber wo war nun mein Zuhause?

Anmerkung zum August

[1] Pateras sind die kleinen Boote, mit denen Immigranten aus Afrika nach Spanien übersetzen, zunächst immer auf die Kanarischen Inseln, doch seit 2007 werden gelegentlich auch die Balearen angesteuert. Wöchentlich gibt es Berichte über tragische Unfälle, im Meer zwischen Afrika und Spanien müssen in den vergangenen Jahren hunderte Menschen ertrunken sein.

Nachwort und Dank

ALLE HIER BESCHRIEBENEN ERLEBNISSE haben sich so oder so ähnlich ereignet, auch wenn sie um der Darstellbarkeit Willen verdichtet und umgestaltet wurden. Ebenso leben die Personen, die mich zu den Figuren inspirierten, auch wenn sie nur durch den Spiegel meiner persönlichen Wahrnehmung zu erkennen sind und somit nicht für die Handlungen der Figuren verantwortlich gemacht werden können.

Tief verbunden fühle ich mich der mallorquinischen Modemacherin und meiner Freundin Joana Borras aus Alaró sowie ihrer Familie, die mir ihr Heim öffnete und mich ihre Geschichten hören ließ, meiner andalusischen Freundin María Luisa Sánchez, mit der ich feierte, stritt und manche Zweifel teilte, Paco Santomé, der mich das Tauchen lehrte, meinen Blick auf das Wesentliche lenkte und der mir in vielem ein Zuhause war, Adela Ferrer, la Zebra, der begabten Sängerin ohne Plattenvertrag, meinen gastfreundlichen Nachbarn Bea und Angel sowie allen Künstlern der Posada und ihren Freunden, insbesondere auch dem kubanischen Maler Jorge Mayet, mit dem ich das Fremdsein teilte, sowie meinen Schülerinnen Xisca aus Felanitx, Cristina aus Kolumbien und Carolina aus Formentera, ebenso Fernando Dameto, der mich in seinem Agroturismo Son Sureda unterbrachte, wo ich die sternenklarste Nacht meines Lebens sah. Sie alle halfen mir, den Schlüssel zur Schatztruhe Mallorca zu finden.

Danken möchte ich auch Charlotte Miller von Fomento de Turismo, die schnell und immer gut gelaunt mir bei der Recherche half, und dem Lektor dieser Erzählung, der meine Worte so gut zu lenken wusste, Dr. German Neundorfer.

Reisen in den Alltag

Andrea Thiele
Ein Jahr in der Toskana
Band 5729

Anna Regeniter
Ein Jahr in London
Band 5741

Silja Ukena
Ein Jahr in Paris
Band 5742

Julica Jungehülsing
Ein Jahr in Australien
Band 5818

Barbara Baumgartner
Ein Jahr in Barcelona
Band 5823

Maria Rosaria Di Palo
Ein Jahr in Montreal
Band 5832

Christiane Wirtz
Ein Jahr in Tel Aviv
Band 5928

Cornelia Tomerius
Ein Jahr in Istanbul
Band 5940

Nadine Sieger
Ein Jahr in New York
Band 5946

Katharina Rutz
Ein Jahr in Peking
Band 5962

Anja Schönborn
Ein Jahr in Neuseeland
Band 5968

Jeannette Villachica
Ein Jahr in Dublin
Band 5971

Dela Kienle
Ein Jahr in Rom
Band 5994

Bettina Baltschev
Ein Jahr in Amsterdam
Band 6002

HERDER spektrum